Os empreendedores que mudaram a história do Brasil

VOLUME II

RAFAEL JOSÉ PÔNCIO

Os empreendedores que mudaram a história do Brasil

VOLUME II

Labrador

© Rafael José Pôncio, 2025
Todos os direitos desta edição reservados à Editora Labrador.

Coordenação editorial Pamela J. Oliveira
Assistência editorial Leticia Oliveira, Vanessa Nagayoshi
Direção de arte e capa Amanda Chagas
Projeto gráfico Marina Fodra
Diagramação Estúdio dS
Preparação de texto Amanda Gomes
Revisão Marília Courbassier Paris
Imagem de capa e miolo p. 52: Acervo familiar de Roberta Gomes; p. 104: Memória Algar; p.132: Acervo Centro de Memória e Cultura Julio Simões; p. 158: CEDOC da Fundação Romi; p. 188: Centro de Documentação e Memória da Suzano S.A; p. 214: Raul Junior.

Dados Internacionais de Catalogação na Publicação (CIP)
Jéssica de Oliveira Molinari - CRB-8/9852

Pôncio, Rafael José
   Os empreendedores que mudaram a história do Brasil
   Rafael José Pôncio.
   São Paulo : Labrador, 2025.
   288 p. (Vol 2)

   ISBN 978-65-5625-691-7

   1. Empreendedores - Brasil I. Título II. Série

24-3889   CDD 965.84012

Índice para catálogo sistemático:
1. Empreendedores - Brasil

Labrador
Diretor-geral Daniel Pinsky
Rua Dr. José Elias, 520, sala 1
Alto da Lapa | 05083-030 | São Paulo | SP
contato@editoralabrador.com.br | (11) 3641-7446
editoralabrador.com.br

A reprodução de qualquer parte desta obra é ilegal e configura uma apropriação indevida dos direitos intelectuais e patrimoniais do autor. A editora não é responsável pelo conteúdo deste livro. O autor conhece os fatos narrados, pelos quais é responsável, assim como se responsabiliza pelos juízos emitidos.

Todos os esforços foram feitos para reconhecer os direitos autorais das imagens. A editora agradece qualquer informação relativa à autoria, titularidade e/ou outros dados, se comprometendo a incluí-los em edições futuras.

Sou grato à minha esposa, Idione, e minha filha, Glenda, pela paciência e apoio durante a construção desta obra.

Sumário

—

Introdução: o que é empreender? — 11
    Referências — 21

Eufrásia Teixeira Leite
A sinhazinha que se tornou empreendedora — 23
    Introdução — 25
    Uma sinhazinha como outra qualquer? — 26
    Eufrásia: a primeira brasileira a investir na bolsa de Paris — 31
    O legado de Eufrásia Teixeira Leite para o Brasil — 42
    Anexo — 48
    Referências — 50

Jesus Norberto Gomes
O empreendedor que virou parte de uma cultura — 53
    Introdução — 55
    As faces de um mesmo homem — 56
    Os primeiros anos — 57
    Guaraná Jesus: da origem à imortalidade — 63
    Anexo — 73
    Referências — 74

Nevaldo Rocha
O "self-made man" que construiu um império do varejo — 77
    Introdução — 79
    Forjado no fogo: os primeiros anos de Nevaldo Rocha — 81

O trampolim da vitória: Nevaldo Rocha torna-se
empreendedor ———————————————————— 84

Vencendo batalhas: os três
grandes empreendimentos de Nevaldo Rocha ———— 92

O legado de Nevaldo Rocha ———————————— 98

Anexo ——————————————————————— 100

Referências ————————————————————— 102

Alexandrino Garcia

O pioneiro das telecomunicações ——————————— 105

Introdução ————————————————————— 107

Um português no Brasil: a chegada da família
Garcia aos trópicos ———————————————— 108

Alexandrino Garcia: de empregado a empreendedor —— 112

Alexandrino e a CTBC ——————————————— 121

O legado de Alexandrino Garcia ——————————— 125

Anexo ——————————————————————— 127

Referências ————————————————————— 131

Julio Simões

O empreendedor que transportou sonhos ———————— 133

Introdução ————————————————————— 135

Os primeiros anos: a vida em Portugal ———————— 136

Brasil: novo país, novos objetivos, novos sonhos ———— 139

A criação da Transportadora Julio Simões ——————— 145

O maior empreendimento de todos: o capital humano — 152

Anexo ——————————————————————— 154

Referências ————————————————————— 157

Américo Emílio Romi

O empreendedor das máquinas ———————————— 159

Introdução ————————————————————— 161

Os primeiros anos de Américo Emílio Romi —— 163
A vida na Itália —— 168
O início do sonho: os primeiros anos de volta ao Brasil —— 171
A fábrica dos sonhos de Américo Emílio Romi —— 174
O legado de Américo Emílio Romi —— 183
Anexo —— 185
Referências —— 187

Max Feffer
O gênio da celulose —— 189

Introdução —— 191
Os Feffer e sua chegada ao Brasil —— 192
O nascimento da Suzano: o início do sonho dos Feffer —— 194
Max Feffer e a revolução da celulose —— 197
Um empreendedor que unificou mundos —— 202
O legado de Max Feffer —— 208
Anexo —— 210
Referências —— 212

Aloysio de Andrade Faria
O empreendedor do império Alfa —— 215

Introdução —— 217
O solo fértil: os primeiros anos de Aloysio de Andrade Faria —— 218
O começo da carreira empreendedora: nasce o Banco Real —— 220
Construindo um império: o conglomerado Alfa —— 226
O legado de Aloysio de Andrade Faria —— 233
Anexo —— 234
Referências —— 236

Agostinho Ermelino de Leão Júnior
O patriarca de um legado cultural —————— 239

    Introdução —————————————— 241

    A família Leão e o nascimento de um estado —— 242

    Leão Júnior: o nascimento de um empreendedor —— 245

    O adeus prematuro de Leão Júnior —————— 253

    Anexo ——————————————————— 256

    Referências ———————————————— 258

José Oreiro
O imigrante espanhol que ganhou o Brasil ———— 261

    Introdução —————————————— 263

    Um empreendedor longe dos holofotes ———— 264

    Construindo um império na Cidade Maravilhosa —— 268

    A rede hoteleira de José Oreiro ——————— 274

    O legado de José Oreiro ————————— 279

    Anexo ——————————————————— 280

    Referências ———————————————— 282

Conclusão: o superpoder de empreender —— 285

Introdução: o que é empreender?

No mundo contemporâneo, o termo "empreender" está em voga, refletindo uma sociedade cada vez mais conectada. A oportunidade de estabelecer novos empreendimentos, seja através da inovação em produtos, seja da oferta de novos serviços, cresce de forma significativa a cada dia. De acordo com o relatório executivo do programa de pesquisa Global Entrepreneurship Monitor (GEM), no período de 2019 a 2022 a estimativa de potenciais empreendedores no Brasil ultrapassou a marca dos 50 milhões[1]. Esses dados não apenas demonstram a disposição dos brasileiros para impulsionar novos negócios como também refletem uma perspectiva global na qual se ampliam constantemente as oportunidades econômicas para diferentes formas de estabelecer uma empresa.

Dada a busca crescente pelo empreendedorismo, é essencial compreendermos o que é, de fato, empreender. Ao longo da história, o conceito de empreendedorismo foi definido de diversas maneiras. Apesar de ser uma palavra mais ou menos recente, "empreendedorismo" tem sua origem no inglês "entrepreneur" e começou a ser amplamente utilizada apenas no século XVII. A variação natural do termo, no decorrer dos séculos, nos levou a confundir empreendedorismo com a figura do capitalista, do proprietário de negócios e outras designações sociais que pouco revelam sobre o verdadeiro significado de ser um empreendedor.

---

[1] GLOBAL ENTREPRENEURSHIP MONITOR (GEM). *Empreendedorismo no Brasil 2022: relatório executivo*. [S. l.: s. n.], 2022, p. 7. Disponível em: https://datasebrae.com.br/wp-content/uploads/2023/05/GEM-BR-2022-2023-Relatorio-Executivo-v7-REVISTO--mai-23.pdf. Acesso em: 20 maio 2024.

Embora o empreendedorismo esteja intimamente ligado ao campo econômico e possa resultar em lucro por meio de seus empreendimentos, a função do empreendedor e o próprio ato de empreender não são necessariamente fundamentados no modelo capitalista. Uma evidência disso reside na própria definição da palavra em português. Ao consultarmos o dicionário, descobrimos que "empreender" se resume a "tentar ou executar algo". Em um sentido mais abrangente, empreender nada mais é do que a busca por inovação e mudança em uma realidade objetiva, seja em nível individual, seja coletivo. O empreendedor busca transformar um setor através de um produto ou serviço que impacta a estrutura social ou a realidade de um grupo, modificando assim a forma de atuação de seu público.

Com isso em mente, é fundamental destacar que empreender vai muito além da obtenção de recursos financeiros. Trata-se de uma atividade inerente ao ser humano, que, diante das adversidades e limitações de seu tempo, busca transformar seu ambiente por meio de ações que desafiam o padrão estabelecido. No entanto, o que muitas vezes nos leva a confundir essa perspectiva é a associação direta entre o empreendedorismo e a economia. Observa-se que o termo começou a ser utilizado a partir dos pensadores do liberalismo econômico dos séculos XVII e XVIII, o que quase os tornou sinônimos. No mundo capitalista, no qual todas as ações humanas parecem voltar-se para a obtenção de bens materiais, o empreendedorismo acabou por ser estreitamente relacionado a esse ideal. Segundo Chiavenato (2007), é neste ponto que o conceito de "empreendedorismo", tal como o conhecemos hoje, tem origem.

> O empreendedorismo tem sua origem na reflexão de pensadores econômicos do século XVIII e XIX, conhecidos defensores do *laissez-faire* ou liberalismo econômico. Esses pensadores econômicos defendiam que a ação da economia

era refletida pelas forças livres do mercado e da concorrência (CHIAVENATO, 2007, p. 5).

Nessa perspectiva de livre concorrência, o empreendedorismo emerge como uma ferramenta crucial para criar novos produtos e serviços, e para atender a novas demandas, mantendo o dinamismo econômico característico do modelo liberal. E assim surge a figura do empreendedor: o indivíduo que utiliza o empreendedorismo dentro de um negócio, desencadeando uma nova dinâmica econômica.

Segundo o antropólogo Joseph Schumpeter (1934 *apud* Salim; Silva, 2010, p. 8), "o empreendedor é uma pessoa que destrói a ordem econômica existente introduzindo novos produtos e serviços, criando novas formas de organização e explorando novos materiais". Logo, o papel do empreendedor na lógica de produção está intimamente ligado à inovação. Inovar, por definição, significa criar algo novo, seja com base em um modelo existente com adaptações, seja desenvolvendo algo totalmente inédito.

Nesse sentido, empreender é inovar, assim como é para os inventores. A distinção principal entre esses dois atores sociais reside no fato de que o empreendedor direciona suas inovações para a esfera econômica, criando negócios, empresas, produtos ou formas de organização. Por outro lado, o inventor não está necessariamente vinculado à dimensão econômica, em geral ele busca inovação como uma forma de aprimorar algum aspecto social, que pode eventualmente ser transformado em um produto e integrar a lógica econômica.

Seguindo esse viés, outras definições para o empreendedor foram desenvolvidas. De acordo com Longenecker (1975 *apud* Chiavenato, 2007, p. 3), o empreendedor

> é a pessoa que inicia e/ou opera um negócio para realizar uma ideia ou projeto pessoal assumindo riscos e responsabilidades e

inovando continuamente. Essa definição envolve não apenas os fundadores de empresas, mas os membros da segunda ou terceira geração de empresas familiares e os gerentes-proprietários, que compram empresas já existentes de seus fundadores.

Se optarmos por ampliar um pouco mais o conceito, ultrapassando os limites da esfera econômica, perceberemos que a figura do empreendedor, caracterizada por assumir riscos e buscar introduzir inovações em seu ambiente – em casa, no bairro ou até mesmo em toda a sociedade –, tem estado presente ao longo da história humana. Graças às inovações, destinadas a melhorar as chances de sobrevivência, as sociedades antigas evoluíram para se tornar as civilizações que continuam a nos surpreender até os dias atuais, devido aos seus avanços tecnológicos. No entanto, por causa falta de conhecimento sobre os indivíduos responsáveis por essas inovações, não podemos atribuir a eles o título de empreendedores. Nesse contexto, o conceito de "empreendedor" se baseia em um pressuposto lógico, que é o da individualidade, sendo uma característica inerente a cada pessoa, e não uma perspectiva social. Portanto, não é apropriado falar em uma "sociedade empreendedora", mas sim em um grupo social que incentiva o empreendedorismo.

Considerando todos esses aspectos, podemos refletir sobre a importância da iniciativa individual na construção de novos negócios, independentemente de o contexto externo ser favorável ou não. Em resumo, queremos destacar como o empreendedorismo (e, consequentemente, a ação de empreender) surge como um impulso intrínseco do próprio indivíduo. Embora o ambiente em que o empreendedor esteja inserido possa influenciar sua jornada, é evidente que, sem essa motivação interna, uma empresa jamais seria criada.

Ainda que essas palavras pareçam simplistas para um leitor familiarizado com o assunto, enfatizamos a importância de refletir sobre a temática, dado que ainda persiste uma série de estigmas e interpretações equivocadas sobre o verdadeiro significado do empreendedorismo. Portanto, um dos principais objetivos desta obra é, assim como no primeiro volume, desmistificar as concepções errôneas sobre essa figura tão controversa nos dias de atuais.

Sim, é possível utilizar esses dois adjetivos para descrever a recepção que a figura do empreendedor evoca no senso comum. Se por um lado esse papel é valorizado por aqueles que estão imersos nele, reconhecendo os sacrifícios necessários para iniciar e manter um empreendimento, por outro a associação próxima do empreendedor com a imagem do capitalista selvagem, como mencionado anteriormente, que busca o lucro a qualquer preço, contribui para mimetizar uma representação carregada de ganância e falta de escrúpulos no imaginário social. Essa perspectiva foi cristalizada pela narrativa das lutas de classe elaborada por autores marxistas. Sob essa ótica, os eventos históricos são interpretados como uma batalha entre burgueses e proletários, com a economia servindo como o principal motor dessa grande disputa.

Por conseguinte, o empreendedor se converteu na figura do burguês, aquele que domina os meios de produção e controla o mercado, sendo percebido como um verdadeiro "vilão" para a classe proletária, que, na visão marxista, compõe a maioria esmagadora da população. No entanto, essa perspectiva tende a desconsiderar o aspecto individual de cada pessoa, seus dilemas e formas de perceber e interagir com o mundo, reduzindo toda essa complexidade psicológica a uma massa homogênea diluída nos conceitos de classe.

Queremos ir além dessa narrativa. Nosso grande objetivo é descobrir os homens e mulheres por trás da figura do empreendedor. Queremos reconhecer suas virtudes e dilemas e compreender o sacrifício necessário para transformar a realidade em que estavam inseridos. Veremos que o componente individual nunca pode ser descartado quando se trata de empreender, pois os impulsos que conduzem à inovação são, em grande parte, internos.

Para dar vida a este segundo volume de *Os empreendedores que mudaram a história do Brasil*, selecionamos dez nomes consagrados não apenas por suas realizações no campo econômico, através de suas empresas e empreendimentos bem-sucedidos, mas também por terem contribuído positivamente para transformar a realidade ao seu redor. Entre esses empreendedores, encontraremos trajetórias por vezes marcadas pela solidão, outras construídas por milhares de mãos, mas, sobretudo, histórias demasiadamente humanas, repletas de altos e baixos, dilemas e soluções.

De maneira concisa, o livro em questão nos apresenta inicialmente a incrível trajetória de Eufrásia Teixeira Leite, uma mulher à frente de seu tempo, que, enfrentando diversas barreiras de gênero, tornou-se a primeira brasileira a investir no mercado financeiro. Seu sucesso profissional proporcionou-lhe experiências singulares, desafiando as convenções da sociedade de sua época e permitindo-lhe adentrar em um mundo que, até então, era predominantemente masculino. Eufrásia emerge como um exemplo vívido de como o desejo de empreender pode transcender limitações e romper com os códigos sociais estabelecidos.

O segundo capítulo explora a jornada do farmacêutico Jesus Norberto Gomes, o visionário por trás do Guaraná Jesus. Esse refrigerante, considerado patrimônio imaterial do estado do Maranhão, tornou-se um ícone inestimável da cultura em São Luís, a ponto de, segundo manchetes de jornais, ser mais famoso na cidade do que o próprio Jesus Cristo. O impacto que esse empreendedor causou na região não se restringiu apenas à economia, mas se estendeu fortemente à cultura local. Poucas vezes na história do Brasil um empreendedor alcançou tal nível de influência, o que nos leva a contar a história desse indivíduo de origem humilde que se imortalizou por meio de sua criação.

O terceiro capítulo destina-se a abordar a história de Nevaldo Rocha, um empreendedor nascido no Rio Grande do Norte que ergueu um verdadeiro império. Amante da história militar, batizou seus empreendimentos com nomes de importantes batalhas. Mesmo sem um histórico familiar ligado ao mundo dos negócios, Nevaldo Rocha é um exemplo clássico de um *self-made man*, termo que descreve alguém que aprendeu sozinho a construir e administrar empreendimentos. Suas empresas, predominantemente voltadas para o mercado têxtil, são hoje uma referência no Brasil e têm presença em todas as regiões do país.

Em seguida, o nosso livro narra a trajetória de Alexandrino Garcia, um imigrante português que desempenhou um papel fundamental no estabelecimento das bases para as telecomunicações no Brasil. Sua história, semelhante a tantas outras neste volume, tem origens humildes e foi marcada pela crise em Portugal no início do século XX, que o levou a buscar uma nova vida nas terras brasileiras. Apesar dos desafios naturais enfrentados por um estrangeiro, Alexandrino e sua família conseguiram mudar o rumo de suas vidas e se tornaram figuras proeminentes no desenvolvimento das telecomunicações no Brasil.

O quinto capítulo conta a história de Julio Simões, o empreendedor que transporta sonhos. Fundador da JSL (anteriormente chamada de Julio Simões Logística), esse imigrante português enfrentou desafios significativos em solo brasileiro. Após dedicar alguns anos de sua vida à profissão de mecânico, Julio Simões viu uma oportunidade no transporte de cargas e soube aproveitá-la de maneira inteligente, aproveitando ao máximo as chances de negócio que surgiram em seu caminho. Sua jornada nos ensina como fazer um empreendimento prosperar e ressalta o papel fundamental de um verdadeiro empreendedor: o de auxiliar outras pessoas a realizarem seus objetivos.

No sexto capítulo, adentraremos na história de Américo Emílio Romi, outro imigrante que veio ao Brasil começar uma nova vida. Seus sonhos o levaram a se dedicar à construção de máquinas, e seu espírito inventivo o impulsionou a desenvolver o primeiro carro produzido em série no Brasil, o icônico Romi-Isetta. Enquanto a indústria automobilística brasileira hoje é dominada por marcas estrangeiras, Romi apostou em estratégias de propaganda e no sentimento patriótico do povo brasileiro para impulsionar as vendas, demonstrando habilidade em promover seu produto. Graças aos seus esforços, o Brasil teve pela primeira vez um carro nacional competindo com outras marcas poderosas no mercado.

Explorando ainda mais o tema da inovação, o sétimo capítulo examina a jornada de Max Feffer, conhecido como o visionário da indústria de celulose. Ao contrário dos outros empreendedores mencionados neste livro, Feffer não foi o fundador da empresa em que passou a vida trabalhando, a Suzano. No entanto, seus esforços foram cruciais para transformá-la na maior empresa de celulose do mundo. Max Feffer, filho do fundador da Suzano, Leon Feffer, foi o engenheiro responsável por desenvolver um método de extração de celulose a partir do eucalipto, possibilitando a expansão do empreendimento e garantindo sua rentabilidade a longo prazo. Graças à inovação e à gestão excepcional ao longo dos anos, a Suzano não é apenas uma multinacional preocupada em aumentar seus lucros, mas sim uma verdadeira catalisadora de mudanças ao gerar milhares de empregos e desenvolver regiões ainda pouco exploradas em nosso país.

No oitavo capítulo, adentramos o interior de Minas Gerais para conhecer a história de Aloysio de Andrade Faria, um empreendedor cujas raízes estão profundamente ligadas ao cenário político mineiro, mas que optou por aventurar-se no mundo dos negócios. Fundador do Banco Alfa, Aloysio preferiu se afastar dos holofotes políticos e midiáticos, concentrando-se em desenvolver o mercado financeiro brasileiro e criando assim um dos bancos mais influentes na história do Brasil. Ao longo dos últimos anos de sua vida, ele ergueu um verdadeiro império conhecido como "Conglomerado Alfa", uma rede de bancos e empreendimentos financeiros que prestava auxílio a milhares de pessoas e fortalecia significativamente seus negócios.

Empreender, em grande medida, é assumir riscos. É por isso que o penúltimo capítulo deste livro é dedicado a Agostinho Ermelino de Leão Júnior, um importante empreendedor paranaense, responsável por popularizar a cultura do chá-mate em todo o Brasil. Após uma crise nas exportações de erva-mate para a Argentina, Agostinho perdeu seu emprego e viu-se compelido a ingressar no mundo do empreendedorismo. Mesmo contra sua "vontade", o jovem demonstrou talento nos negócios e conseguiu reverter sua situação financeira em poucos anos, passando de um desempregado em Curitiba para um proeminente empreendedor. Hoje, o Chá Matte Leão é distribuído por todo o Brasil, evidenciando a relevância econômica e cultural do empreendimento de Agostinho.

Para concluir o livro, optamos por destacar a figura de José Oreiro, um dos empreendedores mais influentes no setor hoteleiro do Brasil. Espanhol de origem, José seguiu os passos de muitos outros mencionados neste livro, chegando aos trópicos aos 18 anos com o desejo de transformar sua vida. Após uma década trabalhando como garçom, ele deu início ao próprio empreendimento e hoje é considerado um dos empresários mais bem-sucedidos do Rio de Janeiro, recebendo reconhecimento através de medalhas e honrarias.

Por meio dessas narrativas inspiradoras, nosso objetivo é oferecer uma nova perspectiva sobre o empreendedorismo e a figura do empreendedor. Mais do que simplesmente relatar histórias de sucesso, buscamos entender as virtudes e motivações que impulsionam alguém a empreender. Ao longo dos capítulos, descobriremos que, na maioria das vezes, esse impulso psicológico não está ligado à condição financeira. Surpreendentemente, alguns desses empreendedores já desfrutavam de conforto financeiro desde a juventude. Nascidos em "berço de ouro", muitos jamais precisariam se preocupar em gerar recursos, uma vez que suas famílias já haviam construído um valoroso patrimônio.

Ao ponderar sobre isso, somos levados a indagar: qual é a principal motivação por trás do empreendedorismo? Será um desejo de deixar um legado para o mundo? Uma necessidade de transformar a realidade ao nosso redor? As razões podem ser muitas e variadas, pois a psique humana não se caracteriza por uma objetividade clara e definida. No entanto, apesar da complexidade em investigar esse aspecto, procuramos destacar o modo como outras fontes de inspiração, que não são exclusivamente financeiras, desempenham um papel fundamental para impulsionar um empreendedor nessa jornada.

Além das motivações, é importante ressaltar as virtudes que são desenvolvidas ao longo desse processo. A palavra "virtude", como os antigos romanos a definiam, deriva do latim "virtus", que significa "força". Quando manifestamos uma virtude, estamos demonstrando força ou retidão moral diante de uma situação. Portanto, para lidar com os desafios de um empreendimento, enfrentar os ciclos econômicos e superar as batalhas, tanto internas quanto externas, um empreendedor precisa possuir certas virtudes que lhe proporcionem a força necessária para superar esses desafios.

Ao acompanhar a jornada desses empreendedores, podemos extrair não apenas lições sobre gestão, administração e visão de mercado, mas também colher, como uma árvore que oferece diversos frutos, valiosos aprendizados sobre resiliência, disciplina, comprometimento, dedicação e uma série de outras virtudes que serão exploradas ao longo dos capítulos.

Nosso principal desejo é que você, estimado leitor que percorre estas páginas iniciais, possa aprender, com o exemplo desses magníficos empreendedores, que a mudança é uma constante na natureza e que é nossa responsabilidade, dentro de nossas capacidades, trabalhar pela construção de uma nova realidade. Que este livro seja uma jornada inspiradora e enriquecedora rumo à redescoberta do valor do empreendedorismo em nosso país.

Referências

CHIAVENATO, Idalberto. *Empreendedorismo:* dando asas ao espírito empreendedor. São Paulo: Saraiva, 2007.

GRECO, Simara Maria de Sousa Silveiro (org.). *Empreendedorismo no Brasil.* Global Entrepreneurship Monitor. Curitiba: IBQP, 2014. p. 71-99.

GLOBAL ENTREPRENEURSHIP MONITOR (GEM). *Empreendedorismo no Brasil 2022:* relatório executivo. [S. l.: s. n.], 2022. p. 7. Disponível em: https://datasebrae.com.br/wp-content/uploads/2023/05/GEM-BR-2022-2023-Relatorio-Executivo-v-7-REVISTO-mai-23.pdf. Acesso em: 20 maio 2024.

LOH, Stanley. *A história da inovação e do empreendedorismo no Brasil:* e comparações com outros países. Porto Alegre: [s. n.], 2016.

SALIM, Cesar Simões; SILVA, Nelson Caldas. *Introdução ao empreendedorismo:* despertando a atitude empreendedora. Rio de Janeiro: Elsevier, 2010.

SCHUMPETER, Joseph A. The creative response in economic history. *The Journal of Economic History,* v. 7, n. 2, p. 149-159, Nov. 1947.

SCHWARCZ, Lilia M.; STARLING, Heloisa M. *Brasil:* uma biografia. São Paulo: Companhia das Letras, 2015.

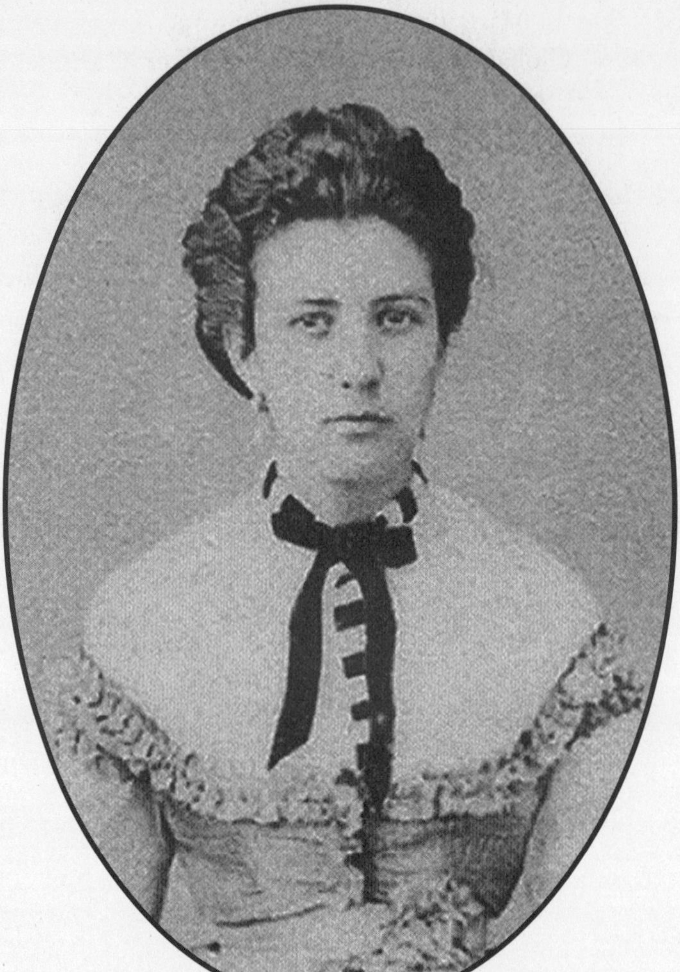

Eufrásia Teixeira Leite

—

A sinhazinha que se tornou empreendedora

Introdução

A história do Brasil é marcada por altos e baixos ao longo de mais de 500 anos, nos quais as leis, os costumes e as atitudes nos levam a refletir sobre a nossa identidade nacional. No entanto, é crucial evitar julgamentos amplos e arbitrários, pois interpretar o passado com a mentalidade atual é um equívoco comum. O que hoje chamamos de "erro" era, na realidade, aceitável na perspectiva dos indivíduos da época. Infelizmente, isso explica eventos como a escravidão, a imposição patriarcal e os diversos conflitos que moldaram nossa história.

Nesse contexto, o passado brasileiro pode parecer um lamaçal, sugerindo que o progresso foi alcançado às custas de sangue, suor e exploração social. Embora seja uma visão estrutural da história, fundamentada nos mais distintos fatos, é importante treinar o olhar para identificar as "pérolas" revolucionárias em meio à lama, destacando o esforço de quem desafiou as normas estabelecidas. E ainda que retrate a ação de um grupo minoritário, em um momento específico do nosso passado, isso não invalida o empenho e brilhantismo daqueles que vão contra tudo que está posto.

Esse é o caso de Eufrásia Teixeira Leite, uma figura central no século XIX, que empreendeu de maneira autêntica, desafiando os padrões destinados às mulheres e deixando um impacto significativo na sociedade e na economia do Rio de Janeiro. Ao explorar os eventos que moldaram a trajetória de Eufrásia, este capítulo destacará seu importante papel no reconhecimento das mulheres na sociedade brasileira, modificando o cenário da província do Rio de Janeiro.

Uma sinhazinha como outra qualquer?

Para compreender a importância de Eufrásia Teixeira Leite é fundamental analisar o contexto histórico e social ao qual estava inserida. Estamos nos referindo a uma época no Brasil em que a igualdade entre homens e mulheres era impensável até para os mais otimistas sonhadores, sendo a submissão do gênero feminino perante a figura masculina amplamente aceita do ponto de vista religioso, social e jurídico. Diante desse contexto restritivo, como foi possível para Eufrásia desafiar as normas imperiais e ascender para se tornar uma das pessoas mais ricas do país?

Vamos explorar a trajetória de Eufrásia à luz da história das mulheres, pois assim perceberemos que, apesar da sua posição social, com suas vantagens e limitações, o grande esforço de Eufrásia consistiu em superar as barreiras do seu próprio tempo. Portanto, iniciemos compreendendo o significado de ser uma mulher no Brasil do século XIX.

> A mulher, conforme Del Priore (2005), não tinha um papel ativo na sociedade, senão o de sujeitar-se ao marido, não devendo fazer nada sem o seu consentimento. Sua principal função era cuidar e educar cristãmente os filhos, cuidar da casa e não sair sem o consentimento do esposo, pai ou irmão. O pai, por sua vez, além de prover o sustento da família, tinha a escolha de transmitir uma significativa herança aos filhos, defender ou estender seu território familiar ou nacional, ou seja, praticar a violência que foi um dos principais motores de transformação e dominação (KONKEL; CARDOSO; HOFF, 2005, p. 44).

Inicialmente, é certo que a mulher estava sujeita ao domínio do pai ou de outra figura masculina, como o marido ou até mesmo os irmãos. Seu papel social estava claramente estabelecido como sendo a "dona do lar", encarregada de promover a educação dos filhos segundo os princípios cristãos. Estes, por sua vez, reforçavam a imagem de uma mulher submissa e com pouca participação social, predominantemente voltada para os ambientes privados, especialmente o lar.

Do ponto de vista jurídico, a mulher só deixava de estar sob a autoridade do pai com o casamento. Sendo assim, os homens solteiros também estavam sujeitos ao domínio patriarcal; no entanto, a diferença é que ao se casarem passavam a exercer esse poder sobre a nova família que se formava. Em contrapartida, as mulheres, consideradas "incapazes", passavam a ser submetidas a um novo regime: o do marido.

> [...] o poder marital só poderia ser conferido ao marido, por ser mais apto e em virtude desse poder, ele podia: exigir obediência da mulher, que era obrigada a moldar suas ações pela vontade dele em tudo que fosse honesto e justo; fixar o domicílio conjugal, devendo a mulher acompanhá-lo; representar e defender a mulher judicial e extrajudicialmente; administrar os bens do casal (PEREIRA, 2004 *apud* AMARAL, 2011, p. 4).

Portanto era praticamente inviável para uma mulher administrar seus próprios bens ou acumular recursos, uma vez que o trabalho feminino era desaprovado pela sociedade. Diante de tantas restrições, como Eufrásia Teixeira Leite conseguiu emergir dos limites impostos pelos ambientes privados e conquistar sua fortuna? Para desvendar os detalhes reveladores que transformaram a jovem Eufrásia em muito mais do que apenas uma sinhazinha da elite brasileira, vamos começar a narrar sua história desde o início.

A história de Eufrásia tem início no município de Vassouras, no Rio de Janeiro, em 15 de abril de 1850. Filha caçula de Joaquim Teixeira Leite e Ana Esméria Pontes França, seu nome foi uma homenagem à mãe de Ana Esméria, também chamada Eufrásia, que era a baronesa de Campo Belo. Os pais de Eufrásia personificavam a elite brasileira do século XIX: Joaquim era um proeminente cafeicultor, exercia cargos políticos em Vassouras, detinha significativo poder econômico e tinha laços com a monarquia, sendo descendente do Barão de Itambé. Por sua vez, a família de Ana Esméria possuía grandes propriedades na província de Minas Gerais. Assim, a união do casal representava não apenas o amor entre duas pessoas, mas sobretudo a confluência de forças políticas e econômicas na região.

No contexto do Brasil do século XIX, casamentos como o de Ana Esméria e Joaquim Teixeira Leite eram comuns. O ideal romântico que conhecemos hoje tinha pouca influência na formação tradicional das uniões conjugais. Na perspectiva da época, o casamento era mais um contrato político do que a expressão do amor. Como observado por Luciana Barros Pontes:

> Em 1843, o casamento entre Joaquim Teixeira Leite e Ana Esméria Pontes França promove a união do que era a força motriz da economia durante o Segundo Império: a produção e exportação do café. Importante mencionar que Joaquim Teixeira Leite foi o único dos onze filhos do Barão de Itambé e Ana Esméria Pontes França a única entre os sete filhos do Barão de Campo Belo, que não se casaram com membros de sua própria família. Falci e Melo (2012) ressaltam que em uma economia baseada na posse de terras, as alianças familiares constituíam uma estratégia comum para evitar que a fortuna fosse fracionada entre os herdeiros ao longo das gerações, de modo que a união entre parentes garantia a manutenção do poder e da riqueza (PONTES, 2013, p. 19).

Como evidenciado, o casamento entre membros da própria família era uma prática comum em nosso país, especialmente para preservar as posses já existentes dentro do círculo familiar. A união de Joaquim Teixeira Leite e Ana Esméria foi, certamente, um passo significativo na economia e na política de Vassouras durante os anos 1840. Dessa união, nasceram três filhos: Francisca, Eufrásia e um filho que não alcançou a idade adulta. Convém destacar que, com o falecimento prematuro do casal, as duas jovens tornaram-se herdeiras do vasto patrimônio da família, que provavelmente teria sido administrado pelo filho homem, caso não tivesse falecido tão cedo.

Outro aspecto interessante é que Eufrásia nunca se casou, o que representou, do ponto de vista jurídico, uma vantagem significativa para ela, uma vez que sua fortuna não poderia ser administrada por um marido que nunca existiu. Nesse sentido, a única lacuna na legislação que permitia que uma mulher tivesse controle sobre seus próprios bens foi plenamente aproveitada por Eufrásia, mesmo que isso significasse nunca se casar. No entanto, estamos nos adiantando na narrativa.

Primeiramente, é essencial mergulhar nos primeiros anos de vida dessa grande empreendedora. Sobre a infância de Eufrásia, há poucos registros disponíveis, o que limita nosso conhecimento sobre esse período. No entanto, considerando as posses e a influência de sua família, é razoável supor que Eufrásia teve acesso a tutores particulares, mas não nos enganemos ao imaginar uma educação científica, voltada ao conhecimento teórico e prático, na verdade é mais apropriado considerar o modelo educacional vigente no Brasil Império para as mulheres da elite, como Gondra e Schueler (2008, p. 201) explicam:

> Para as meninas e mulheres das elites, o modelo de formação predominante consistia na aprendizagem de saberes dirigidos à administração da vida familiar, bem como a aquisição de normas de conduta e hábitos de civilidade e sociabilidade, cujos paradigmas eram apropriados da cultura urbana e burguesa européia [sic], o que resultava na valorização da aprendizagem de línguas estrangeiras, sobretudo a francesa, além da música, do canto e da dança de salão.

Uma vez mais nos deparamos com outro fator restritivo na vida de Eufrásia Teixeira Leite. Talvez não devêssemos abordar a questão dessa forma, mas é necessário compreender que um modelo educacional que restringe as habilidades das mulheres e, em sua maioria, as direciona para a administração de espaços domésticos, pouco tem a ver com o gerenciamento de negócios e investimentos. Portanto, é razoável inferir que os conhecimentos adquiridos nessa fase de sua vida não a estimularam a se tornar a grande investidora que viria a ser ao longo do século XIX e início do século XX.

Ainda sobre a sua educação, encontramos informações divergentes em diferentes fontes. Contudo, é consenso que tanto Francisca quanto Eufrásia frequentaram a escola para meninas da francesa madame Grivet. Nessa instituição, a educação formal era complementada pelos refinamentos exigidos das jovens que participavam da vida na corte e nos salões, conforme mencionado por Pontes (2013, p. 22). Esses refinamentos incluíam, naturalmente, a música, a dança e as regras de etiqueta que caracterizavam os costumes da época.

Destacar-se como mulher era, sem dúvida, um desafio para Eufrásia. É inegável que as mulheres enfrentavam uma grande desvantagem ao tentar administrar seus próprios empreendimentos, já que eram raros os casos em que isso se tornava possível. Além disso, como evidenciado pela educação feminina durante o Brasil Império, nenhum dos conhecimentos ensinados as preparava para a administração de bens, negócios e inovações. Enquanto o espaço social no domínio público era reservado aos homens, às mulheres restava a resignação ao âmbito doméstico, restrito aos cuidados da casa e à criação dos filhos.

No que diz respeito a essa questão, as cartas escritas por Eufrásia Teixeira Leite ao longo de sua vida evidenciam, claramente, sua inconformidade com essa divisão social, sendo frequentemente percebida, pelo público em geral, como uma pessoa infeliz. No entanto, a grande investidora expressou em uma de suas cartas a seguinte frase: "É demais a opinião de minha gente, que não compreende como eu não sou a mais feliz das criaturas; parece que para isso só me falta ser como todo mundo"[2].

Essa declaração é bastante significativa no que se refere a ser alguém que não se encaixa nos padrões de sua época, alguém que não se conforma com as expectativas sociais. Para muitos, Eufrásia nunca cumpriu o papel tradicionalmente designado às mulheres no sentido de constituir família e casar-se, o que, por si só, já a tornaria uma figura revolucionária. Porém, além de não se identificar com suas "obrigações de gênero", Eufrásia foi uma das primeiras personalidades brasileiras a construir uma carreira sólida como investidora na bolsa de valores. Essa é a história que exploraremos a seguir.

Eufrásia: a primeira brasileira a investir na bolsa de Paris

Em 1873, Eufrásia e Francisca decidiram mudar-se para a França. No entanto, os motivos por trás dessa transição não foram nada festivos. Com uma sequência de perdas na família – a mãe, Ana, em 1871; o pai, Joaquim Teixeira, em 1872; e a avó materna, em 1873 –, os laços afetivos que as ligavam à fazenda Hera e ao Brasil foram dissolvidos. Naquele momento, aos 23 anos, Eufrásia era uma jovem pronta para alçar voos. Mesmo sob a melancolia da perda de seus entes queridos, seu primeiro e audaz passo foi deixar o Brasil e buscar uma nova vida na Europa.

A decisão de mudar para a França não foi aleatória. Na verdade, ao considerarmos a fluência das irmãs no idioma, uma vez que

---

2 Citação retirada do site do Museu Casa da Hera. Disponível em: https://museucasadahera.museus.gov.br/a-familia-teixeira-leite. Acesso em: 22 maio 2024.

na infância frequentaram a escola de uma francesa, podemos deduzir que tinham, no mínimo, um domínio relativo da língua. Além disso, a escolha pela "cidade das luzes" também pode ser inferida a partir da própria concepção que a França da segunda metade do século XIX se propunha a ter.

Berço da cultura ocidental, a cidade de Paris passou por significativas reformas a partir de 1853, quando o urbanista Georges-Eugène Haussmann, com a aprovação do imperador Napoleão III, iniciou uma ampla transformação que resultou na Paris que conhecemos hoje. Os projetos de Haussmann serviram de inspiração, por exemplo, para as reformas realizadas no Rio de Janeiro no início do século XX, numa tentativa de modernizar a então capital brasileira. Ademais, as reformas de Haussmann elevaram Paris a um patamar urbano sofisticado, proporcionando uma melhor qualidade de vida e introduzindo novas atividades na cidade.

As mudanças ocorridas nesse período, no entanto, não se limitavam apenas ao campo urbanístico. Na verdade, Paris era o epicentro das ideias liberais, sendo palco da Primavera dos Povos em 1848 e, antes disso, cenário principal da famosa Revolução Francesa. Assim, é inegável considerar que, para as pessoas daquele tempo, Paris representava a vanguarda do mundo, onde as ideias mais inovadoras do momento estavam em efervescência pelas ruas e bulevares da cidade.

Diante dessas questões, a escolha das irmãs Teixeira Leite em residir em Paris se mostra bastante plausível, uma vez que buscavam uma liberdade distinta daquela que desfrutavam no Brasil. De fato, ao analisarmos a vida cotidiana de Eufrásia e Francisca no meio parisiense, podemos perceber que o estilo de vida adotado ali era incompatível com as expectativas impostas às damas da sociedade brasileira do século XIX. É importante ressaltar que isso não implica considerar as atitudes de Eufrásia na França como uma mancha na sua imagem enquanto mulher, mas sim como uma crítica à rigidez e às limitações da sociedade brasileira.

Sobre a vida de Eufrásia na França, Luciana Barros Pontes (2013, p. 22) aponta que:

> Eufrásia residiu em um palacete de cinco andares na Rua Bassano 40, por mais de quarenta anos. Era amiga íntima da Princesa Isabel e recebia a alta sociedade parisiense em festas e reuniões. Ficou conhecida como a "Dama dos Diamantes Negros", "Dama das Esmeraldas" ou simplesmente "A Brasileira". Administrava pessoalmente seus negócios, multiplicando a fortuna herdada. Aplicava no mercado de ações na Bolsa de Valores de Paris e tinha negócios espalhados pelas principais capitais da Europa e até do Oriente.

O trecho acima demonstra com clareza a diferença entre o estilo de vida parisiense e o conhecido no Brasil. Embora reuniões da alta sociedade também ocorressem em nosso país, é praticamente inimaginável a ideia de uma mulher solteira ser a principal anfitriã desses eventos. Outro ponto que chama bastante a atenção é, naturalmente, a habilidade de Eufrásia em gerir os negócios e aumentar ainda mais suas posses, o que também seria um desafio significativo caso estivesse no Brasil.

Analisando sob uma perspectiva estratégica, a mudança para Paris pode ter sido motivada por diversos fatores, mas é inegável que as irmãs Teixeira Leite foram atraídas pelas possibilidades de liberdade e autonomia. Nesses dois aspectos, ressaltamos a estreita amizade delas com a princesa Isabel, uma das principais personagens no processo de abolição da escravatura no Brasil. Não por acaso, Eufrásia também mantinha uma intensa correspondência com Joaquim Nabuco, uma das principais lideranças do movimento abolicionista e com quem mantinha um relacionamento amoroso. Por meio das cartas trocadas entre eles, é possível perceber que, apesar de divergências em questões matrimoniais, ambos defendiam posições sociais semelhantes, aspecto que certamente se destaca na biografia de Eufrásia.

Defensora da liberdade, começando pela sua própria condição como mulher, Eufrásia sempre esteve cercada pelo flagelo da escravidão. Como mencionado no início deste capítulo, seus pais possuíam fazendas e empregavam mão de obra escrava. No entanto, percebe-se que os valores adotados por Eufrásia não visavam à manutenção desse sistema. Tanto é que ela destinou parte de suas posses para ex-escravos que passaram grande parte de suas vidas trabalhando na chácara Hera, principal propriedade da família Teixeira Leite.

Ao considerarmos a realidade brasileira do início do século XX, especialmente no contexto do término da escravidão e das condições das pessoas que haviam sido escravizadas, as quais nunca receberam indenizações e foram simplesmente substituídas pela mão de obra europeia, torna-se evidente que destinar uma pequena parte de sua herança a essas pessoas, enquanto muitos de seus familiares não foram mencionados no testamento, é um forte indício do posicionamento político de Eufrásia em relação a esse tema.

Também é importante ressaltar que as posses de Eufrásia não foram diretamente oriundas da exploração escravagista na agricultura, na qual se empregava trabalho compulsório e castigos físicos como punição aos escravizados. Sua parte na herança originou-se da avó e dos pais, que não estavam envolvidos nessas práticas[3]. É relevante lembrar que os escravos eram considerados propriedades, tratados como objetos que podiam ser herdados, vendidos e comprados. No caso da herança de Eufrásia, Falci e Melo (2003, p. 5) destacam:

---

3 Destacamos que alguns escravos domésticos foram herdados por Eufrásia, mas que estes não estavam sob o regime de trabalho empregado comumente dentro das plantações.

A herança de Eufrásia e Francisca não era de terras e escravos, mas praticamente monetizada, fora as terras da chácara da Hera. Esta fortuna foi descrita no testamento e posteriormente no inventário de Joaquim José Teixeira Leite, era composta de apólices de títulos da Dívida Pública do Empréstimo Nacional de 1868, ações do Banco do Brasil, depósitos bancários, o passivo de sua casa comissária, casas e um pequeno plantel de escravos domésticos. O monte do inventário do pai foi de 763:937$876 (setecentos e sessenta e três contos, novecentos e trinta e sete mil e oitocentos setenta e seis réis). Assim, a transformação das irmãs em financistas foi uma decorrência deste passado familiar, perpetuando um caminho já trilhado pelo ramo dos Teixeira Leite do qual elas descendiam.

É possível converter o valor da herança recebida pelas irmãs para cerca de 19 milhões de reais[4]. Esse montante, conforme mencionado, foi acumulado através de investimentos em apólices e títulos de dívidas, representando uma fonte de renda adicional além das fazendas e da produção de café da família Teixeira Leite. Especula-se que Eufrásia tenha se interessado por investimentos devido a esse fator, uma vez que a natureza de sua herança já estava ligada a esse setor, ainda que de forma indireta.

Cabe-nos aqui refletir sobre como certos aspectos de nossas experiências podem nos impulsionar em direção a novos desafios e realidades. Afinal, se a herança das irmãs Teixeira Leite estivesse diretamente ligada ao negócio da produção cafeeira e ao trabalho escravo, será que elas teriam optado por partir para a Europa, construindo assim uma nova vida? Essa é uma questão que jamais poderemos responder, pois a história não deve se deter no terreno do hipotético, mas sim estabelecer-se sobre a sólida base dos fatos históricos.

---

4   Conversão feita no site https://www.diniznumismatica.com/p/conversao-de-reis-para-o--real.html. Acesso em: 22 maio 2024.

Dessa forma, é pertinente dedicarmos uma análise à vida e aos investimentos de Eufrásia na Europa. Para começar, devemos compreender a Bolsa de Valores de Paris, a fim de situarmos os acontecimentos no espaço e no tempo.

Uma das instituições financeiras mais antigas da Europa, a Bolsa de Valores de Paris teve seu início no século XVII, servindo como local para mercadores realizarem suas operações financeiras. Ao longo dos séculos, a bolsa de Paris passou por modernizações e, ao chegar no século XIX, estava na vanguarda do capitalismo financeiro, como evidenciado durante a Segunda Revolução Industrial.

Com o avanço da tecnologia, o mundo europeu estava voltado para a ciência e as novas formas de ampliar a produção. Desse modo, o que denominamos de "capitalismo financeiro" refere-se à prática de buscar, por meio de investimentos, o aumento da produção de uma empresa com financiamento público ou privado. Logo, a Bolsa de Valores desempenhava um papel fundamental em toda a engrenagem, permitindo que novos inventores e empresas obtivessem recursos por meio da venda de suas ações. Vale ressaltar que esse método de obtenção de investimentos persiste até os dias de hoje e é uma prática comum em qualquer operação financeira. No entanto, no século XIX, seguir por esse caminho poderia ser considerado um "tiro no escuro".

Isso ocorria porque não havia garantia de que o empreendimento realmente se tornaria lucrativo. Além disso, as fraudes eram comuns, pois investir em uma empresa "fantasma", que apenas captava recursos financeiros, era uma possibilidade muito real. A história comprova essa situação com a grande crise de 1929, quando a Bolsa de Nova York quebrou precisamente devido à bolha de investimentos fraudulentos.

O investimento na bolsa de Paris, assim como em qualquer outra bolsa de valores, representava uma forma arriscada de aumentar o patrimônio. Exigia não apenas habilidades empreendedoras, mas também visão de futuro, capacidade de projeção a longo prazo e o estabelecimento de boas relações, já que era necessário conhecer e confiar em outros investidores. Além disso, é válido lembrar que estamos no século XIX, uma época em que os meios de comunicação limitados dificultavam a pesquisa sobre a reputação dos donos de empresas, inventores e outras pessoas com quem era preciso se relacionar. Então era crucial confiar nas informações disponíveis e permanecer atento aos movimentos que ocorriam dentro e fora do mercado financeiro.

Infelizmente, sabemos muito pouco sobre como as operações de Eufrásia na Bolsa de Valores de Paris eram conduzidas. Mas existem detalhes significativos a respeito disso. O primeiro deles é praticamente "misterioso", pois o acesso das mulheres à Bolsa de Valores de Paris só foi regularizado – e permitido – em 1967, mais de 30 anos após o falecimento de Eufrásia. Como nossa empreendedora conseguiu exercer suas funções por mais de 40 anos?

Novamente, adentramos no terreno das especulações. É sabido, por exemplo, que no século XIX a Bolsa de Valores de Paris, assim como muitas outras, era operada por corretores – indivíduos que participavam dos leilões representando os interesses de terceiros. É altamente provável que Eufrásia Teixeira Leite tenha recorrido a esse tipo de operação para conseguir investir em um local no qual, inicialmente, não tinha permissão para ingressar. Essa constatação infelizmente nos leva a reconhecer que, mesmo buscando a vanguarda do pensamento ocidental, Eufrásia ainda era submetida às injustiças e às deformidades morais de seu tempo. Sobre o mistério que envolve a participação de Eufrásia como investidora, Falci e Melo (2003, p. 5) apontam:

> A moça de 23 anos que seguiu para a França em 1873 e lá viveu até a década de vinte teve um desempenho marcante como investidora no atraente mercado financeiro que então se desenvolvia na praça europeia. O mistério que envolve a personagem de

Eufrásia quanto à condução de seus negócios esbarra na precariedade das fontes históricas. Tudo indica que foi uma solitária investidora realizando negócios versáteis na Bolsa de Paris, mas sem sociedade com outros investidores.

A escolha de Eufrásia por ser uma investidora solitária pode ser explicada pela abundância de recursos que possuía no começo de sua jornada na bolsa de valores. Não necessitando associar-se a outras pessoas para acumular capital, seus investimentos podiam ser direcionados de acordo com sua própria vontade, contando apenas com suas habilidades e visão de negócios. Enquanto esse aspecto pode ser visto como positivo, pois lhe proporcionava mais autonomia nas decisões de investimento, também é possível considerar o quão desafiador foi adentrar em um mercado que, em teoria, era pouco conhecido pela jovem Eufrásia. Somente com os anos e a experiência ela foi capaz de aprimorar suas capacidades. Assim, podemos imaginar um mundo completamente novo sendo explorado por Eufrásia, tão desafiador que apenas um espírito empreendedor poderia suportar a pressão diante de tantas novidades.

No que diz respeito à sua capacidade de gerenciar investimentos, Eufrásia demonstrou, ao longo de sua carreira, não apenas grande habilidade para os negócios, mas também uma maneira singular de se aventurar em investimentos tão diversos. Segundo Falci e Melo (2021, p. 104), um

> aspecto dessa trajetória de empresária pode ser apreendido pelo exame de seu portfólio, listado no inventário. Era composto de títulos e ações de uma grande diversidade de empresas e governos. Encontramos ações de grandes empresas de importantes setores econômicos, tais como: ferrovias, exploração de jazidas e minas de ouro, diamantes, carvão, ferro, petróleo. Manufaturas agroindustriais, como açúcar, cacau e café, manufatura e serviços

públicos, como portos e energia elétrica, além de transporte urbano e, finalmente, ações de companhias bancárias, além de títulos da Dívida Pública de estados e cidades. Sobre as companhias e investimentos fora do Brasil, Eufrásia tinha 30 mil ações distribuídas em 297 empresas, em 10 países.

Como podemos observar, Eufrásia investiu em uma variedade de setores, abrangendo desde a produção agrícola, o que hoje chamamos de setor primário, até a indústria e os serviços, explorando assim diversos campos da economia. É importante lembrar mais uma vez que estamos nos referindo ao final do século XIX e início do século XX, época em que conhecer áreas tão distintas não era uma tarefa simples. Mesmo que possamos alegar que o papel de Eufrásia era o de investidora, ou seja, alguém sem ligação direta com a operação de cada uma dessas empresas, é necessário um profundo conhecimento antes de investir seus recursos, especialmente considerando o contexto de fraudes e golpes enfrentados pelos investidores da bolsa de valores.

Outro aspecto que merece destaque é a ampla diversificação de seus investimentos, certamente uma estratégia inteligente para qualquer investidor. Dessa forma, mesmo que um dos mercados enfrentasse dificuldades, seria altamente improvável que Eufrásia enfrentasse falência, pois seus pilares de sustentação econômica eram tão variados que apenas uma verdadeira crise econômica global seria capaz de derrubá-la. Ao distribuir seus negócios de maneira equitativa e com uma visão abrangente, a empreendedora brasileira conseguiu sobreviver aos percalços e ventos hostis que, de tempos em tempos, surgem para desestabilizar a economia.

Diante disso, Eufrásia também demonstrava uma grande habilidade em compreender o cenário político-econômico ao seu redor, sendo capaz de antecipar-se a grandes eventos e, assim, garantir a proteção de seus investimentos e o lucro com os acontecimentos iminentes. Um exemplo disso é o caso da anilina. Mais uma vez, Falci e Melo (2021, p. 101-2) nos relatam sobre esse episódio:

> Pressentindo o iminente conflito entre Alemanha, Inglaterra e França, Eufrásia fez, no ano de 1913, uma grande compra do produto na Alemanha, forte produtora de anilinas. A declaração de guerra elevou os preços e Eufrásia obteve um lucro extraordinário com a venda. Essa operação é exemplar como demonstração de que os negócios de Eufrásia tiveram, ao longo do tempo, uma ligação permanente com o Brasil.

Esse é apenas um exemplo entre tantos que evidenciam a capacidade empreendedora de Eufrásia, pois ela era capaz de antecipar cenários e prever o rumo que a economia, tanto em nível local quanto global, poderia tomar.

Todos esses elementos, desde sua maneira para ganhar dinheiro e investir até sua vida pessoal, evidenciam que Eufrásia Teixeira Leite era verdadeiramente uma pessoa à frente de seu tempo. Sua visão para os negócios claramente merecia ser aproveitada em um ambiente além do Brasil, e deixar o país foi a maneira mais sensata de alçar novos horizontes. Ademais – como será explorado nas páginas subsequentes –, mesmo estando distante das terras brasileiras, Eufrásia nunca abandonou os trópicos. Além das visitas realizadas ao país nos últimos anos de sua vida, ela retornou à terra natal e investiu grande parte de sua fortuna no Brasil, mostrando com clareza onde sempre esteve o seu coração.

Por enquanto, prosseguimos explorando sua vida como investidora. Como apontado, Eufrásia conduzia as operações de forma autônoma, ou seja, não buscou associar-se a outros parceiros para aumentar os investimentos. No entanto, é interessante observar a maneira como a brasileira trabalhava, pois revela uma rotina solitária. O depoimento de Cecília Bonfim, ex-mucama e empregada que viveu ao lado da investidora, nos dá um vislumbre do cotidiano dessa dama:

> Dona Eufrásia foi sempre quem cuidou dos seus negócios. Não parava o dia inteiro. Acordava, tomava banho e sentava-se na escrivaninha para trabalhar. Escrevia umas trinta a quarenta cartas por dia. Eu me sentava ao seu lado e só ia botando os selos. Ela tratava pessoalmente de tudo e nunca precisou de procurador (CATHARINO, 1992, p. 127-8 *apud* FALCI; MELO, 2003, p. 6).

O relato de Cecília Bonfim não ilustra apenas a rotina de Eufrásia, mas também a de qualquer empreendedor que verdadeiramente se dedica aos seus negócios. Existe atualmente um mito que retrata o empreendedor como uma figura exploradora, que acumula riquezas à custa do trabalho de seus colaboradores e, por isso, pouco se movimenta. No entanto, essa imagem, muitas vezes estereotipada e distante da realidade, contrasta com a intensa rotina de Eufrásia. Basta imaginar a complexidade de lidar com tantas demandas distintas, visto que tinha negócios em todas as áreas da economia, e acompanhar diariamente as novidades, antecipando situações e articulando-se de maneira tão precisa para proteger seus investimentos e permanecer ativa no frenético mundo da bolsa de valores. Ora, é impensável aceitar a tese de que "o dinheiro trabalha para você", pois é preciso se dedicar constantemente aos negócios.

Abandonemos, portanto, essa concepção comum e passemos a perceber o empreendedor como alguém que se dedica inteiramente aos negócios, embora não esteja diretamente envolvido no trabalho operacional. O empreendedor atua em uma esfera diferente do trabalho, e é por isso que os riscos, como bem sabemos, são maiores, podendo por vezes, devido à falta de habilidade ou por circunstâncias imprevistas, resultar na perda de bens.

Essa realidade, porém, não se aplicou a Eufrásia, pois a empreendedora chegou ao final da vida com um patrimônio muito maior do que a herança outrora recebida. Assim como na metáfora dos talentos, Eufrásia conseguiu acumular muito mais recursos do que os que recebeu, demonstrando sua habilidade exemplar em administrar a própria riqueza. Diante disso, talvez sua maior obra tenha sido não a quantidade de empresas que apoiou, mas sim o grande legado que deixou para o Brasil.

O legado de Eufrásia Teixeira Leite para o Brasil

Quando pensamos na palavra legado, geralmente imaginamos uma série de bens transmitidos às gerações futuras por um parente ou figura de grande importância. Além disso, podemos conceber o legado como uma forma imaterial de transmissão, na qual outras pessoas agregam à vida não só valores monetários ou materiais, mas também ideias, costumes e princípios, que passam a orientar suas trajetórias.

Existem diversas maneiras de deixar um legado no mundo. Contudo, entre todas essas formas, o fator mais comum é o trabalho. Sem trabalho, não há como deixar nada para as futuras gerações. O fruto do trabalho pode ser tanto tangível, como os recursos que conquistamos, quanto intangível. É o trabalho que molda nossa experiência no mundo e que, de uma forma ou de outra, deixa nossa marca quando partimos.

Não consideremos aqui o trabalho conforme entendido pelo senso comum. Entendemos o trabalho como uma forma de atividade, de movimento e de interação com o mundo. Portanto, sua conduta e a consistência diante da forma assumida em sua existência, constituem, em suma, seu trabalho ao longo da vida.

E é claro que esse dinamismo, quando realizado plenamente, permeia todas as áreas de nossa vida: nossa família, relacionamentos, negócios e assim por diante.

Nesse sentido, podemos afirmar que Eufrásia Teixeira Leite deixou para o Brasil um legado muito mais amplo do que simplesmente bens monetários. Seus recursos beneficiaram gerações de pessoas, e seus efeitos ainda são sentidos na sociedade brasileira mesmo quase um século após sua morte. Vamos explorar, portanto, como a vasta herança de Eufrásia foi distribuída após seu falecimento e apreciar a beleza de uma existência dedicada ao trabalho e à superação de adversidades do meio empreendedor.

É importante destacar que Eufrásia Teixeira Leite não tinha herdeiros. Nunca se casou e nunca teve filhos. Por meio de correspondências, sabemos que ela recusou uma proposta de casamento de Joaquim Nabuco, o abolicionista. Entre os motivos para o fim do romance estava sua recusa em se mudar para o Brasil e o fato de que isso implicaria a perda de sua liberdade, já que ficaria sujeita ao marido. Dessa forma, para quem Eufrásia deixaria seu poderoso império financeiro?

É interessante observar que em 1929, às vésperas da grande crise da bolsa de valores, a já idosa Eufrásia continuava a administrar os negócios e a trabalhar. Antevendo o período turbulento que o mundo enfrentaria e contando com quase cinco décadas de experiência no mercado financeiro, Eufrásia Teixeira Leite optou por converter grande parte de seus investimentos em liquidez, passando a adquirir imóveis e a investir em propriedades, bens que mantêm seu valor ao longo do tempo. Assim, quando a quebra da bolsa ocorreu, seu patrimônio estava em grande parte protegido, embora seja evidente que esse abalo econômico também a afetou.

Contudo, outros problemas se mostravam mais urgentes para Eufrásia. Com a saúde debilitada, a grande investidora começou a tratar de assuntos relacionados ao seu testamento, pois tinha o objetivo de deixar tudo organizado para quando partisse. Não é por acaso que seu testamento, ao ser lido por qualquer pessoa, parecerá muito mais uma ordem a ser cumprida do que meros desejos de alguém que deixou esta existência. O caráter formal chama a atenção, assim como a abordagem direta e sóbria com a qual ela designa seus bens. Isso é apenas mais uma das muitas provas da lucidez de Eufrásia, mesmo em idade avançada.

É essencial discutir essas ideias por dois motivos: em primeiro lugar, para compreender que Eufrásia buscava o conceito de "boa morte", uma prática característica do Brasil do século XIX e fortemente influenciada pelo catolicismo. O segundo motivo reside na quantidade de bens que precisavam ser distribuídos. Para entendermos melhor, vamos começar explicando o que significa a "boa morte".

Geralmente, a morte é um tema evitado em nosso mundo contemporâneo. Apesar de ser uma realidade inevitável, tendemos a encará-la como um tabu. Entretanto, alguns séculos atrás, quando a expectativa de vida era consideravelmente mais baixa em comparação com a atual, esse fenômeno da vida era visto de maneira mais natural. A morte estava sempre presente e, naturalmente, à medida que esse momento se aproximava, maior era a preocupação em organizar todos os detalhes.

Dessa forma, a "boa morte" seria alcançada quando o indivíduo conseguisse organizar tudo relacionado à sua partida. Portanto, os vivos não precisariam se preocupar com aspectos práticos, permitindo-lhes vivenciar o momento com maior consciência e cumprir todos os rituais litúrgicos em honra ao falecido. João José Reis explica:

> A boa morte significava que o fim não chegaria de surpresa para o indivíduo, sem que ele prestasse contas aos que ficavam e também os instruísse sobre como dispor de seu cadáver, de sua alma e de seus bens terrenos (REIS, 1991, p. 92).

Conforme evidenciado, a noção de "boa morte" era, essencialmente, um conceito religioso que também abordava uma série de questões práticas relacionadas ao destino dos bens deixados pela pessoa falecida. É importante lembrar que Eufrásia, sendo uma mulher moldada pela mentalidade do século XIX, refletia essa realidade em seu testamento.

Outro motivo que levou Eufrásia a organizar meticulosamente seu testamento estava relacionado à garantia de que os bens destinados a instituições religiosas fossem assegurados. É sabido que vários familiares de Eufrásia, principalmente seus primos, tentaram questionar a legalidade da divisão tão "arbitrária" do grande patrimônio da empreendedora, porém sem sucesso, graças às precauções que Eufrásia tomou em vida. Podemos especular que, mais uma vez, a renomada investidora previu as possíveis complicações e, ciente disso, tomou medidas preventivas. Como apontam Falci e Melo (2021, p. 133):

> A enorme parentela da falecida, dos Teixeira Leite aos Correia e Castro, tinha a esperança de herdar sua fortuna. Mas, como vimos, Eufrásia pregou uma peça em todos e destinou quase integralmente sua fortuna para a filantropia.

Podemos imaginar a frustração desses parentes praticamente desconhecidos, já que muitos deles sequer tiveram um contato direto com Eufrásia e buscavam apenas tirar vantagem de sua considerável fortuna. Ainda assim, o que mais chama a atenção não é o fato de Eufrásia destinar sua riqueza à filantropia, mas as instituições que escolheu apoiar. Entre elas, destacam-se o Instituto das Irmãs Missionárias do Sagrado Coração de Jesus, os padres salesianos do Colégio Santa Rosa de Niterói, a Irmandade da Santa Casa de Misericórdia de Vassouras, entre tantas outras de cunho social e religioso.

Esse aspecto nos faz compreender a função social que Eufrásia buscou imprimir em seu patrimônio. Ao destinar sua fortuna para apoiar instituições de caridade, ela procurou contribuir para uma maior seguridade social das classes menos privilegiadas, buscando deixar um legado não apenas como uma notável empreendedora, mas como alguém que transformou a realidade de muitas pessoas necessitadas de recursos materiais.

> Solteira e não tendo descendentes, nem ascendentes, Eufrásia, segundo as leis brasileiras, podia dispor dos bens de acordo com sua vontade. Assim, sua decisão foi dotar a cidade de seu nascimento, Vassouras, de escolas e garantir a educação permanentemente de cem meninas e meninos, órfãos e pobres (FALCI; MELO, 2003, p. 7-8).

Vassouras, hoje um município relativamente pequeno do Rio de Janeiro, durante o século XIX e primeiras décadas do século XX era uma opulenta cidade, impulsionada principalmente pelo lucrativo comércio de café. Com a diminuição da rentabilidade das fazendas de café e a mudança do centro econômico brasileiro para São Paulo, a cidade perdeu seu prestígio e começou a esvaziar. Na década de 1930, portanto, podemos ver a herança deixada por Eufrásia como uma tentativa de elevar a condição social da própria cidade, buscando garantir sua subsistência e ajudar aqueles que mais necessitavam.

Eufrásia também legou à posteridade a memória de sua família, transformando a fazenda onde nasceu em um valioso patrimônio histórico brasileiro. A Casa da Hera, atualmente tombada pelo Instituto do Patrimônio Histórico e Artístico Nacional (Iphan), foi convertida em um museu dedicado à preservação da história da família Teixeira Leite, ressaltando especialmente o passado imperial do Brasil.

Ao falecer aos 80 anos, Eufrásia Teixeira Leite deixou um legado indelével. Podemos afirmar, sem dúvida, que foi uma mulher à frente de seu tempo, deixando uma marca única na época em que viveu. Com uma personalidade forte e a audácia de desafiar as convenções da sociedade brasileira tradicional, ela se destacou, sobretudo, por empreender na maior e mais difícil obra: a construção do ser humano.

Anexo

Antiga casa da família Teixeira Leite, hoje transformada em museu.
Disponível em: https://www.visitevassouras.com/museu-casa-da-hera.
Acesso em: 9 ago. 2024.

Retrato de Eufrásia Teixeira Leite aos 30 anos,
pintado por Carolus-Duran.

Referências

AMARAL, Isabela Guimarães Rabelo do. Inferiorizando mulheres no período imperial brasileiro: a influência do direito. *In*: SIMPÓSIO NACIONAL DE HISTÓRIA, 26., 2011, São Paulo. *Anais* [...]. São Paulo: USP, 2011.

CATHARINO, Ernesto José Coelho Rodrigues. *Eufrásia Teixeira Leite:* fragmentos de uma existência. 2. ed. Vassouras: [*s. n.*], 1992.

CIRIBELLI, Marilda Corrêa. Uma visão histórica sobre Eufrásia Teixeira Leite. *In*: SIMPÓSIO NACIONAL DE HISTÓRIA, 22., 2003, João Pessoa. *Anais* [...]. João Pessoa, 2003. Disponível em: https://anpuh.org.br/uploads/anais-simposios/pdf/2019-01/1548177542_c496f5eec641d203f8176891cb9df56c.pdf. Acesso em: 26 maio 2024.

FALCI, Miridan Britto; MELO, Hildete Pereira de. Riqueza e emancipação: Eufrásia Teixeira Leite. Uma análise de gênero. *Estudos Históricos*. Rio de Janeiro: CPDOC/FGV, v. 1, n. 29, 2002. Economia e Sociedade.

FALCI, Miridan Britto; MELO, Hildete Pereira de. *A sinhazinha emancipada. Eufrásia Teixeira Leite (1850-1930).* A paixão e os negócios na vida de uma ousada mulher do século XIX. 2. ed. [*S. l.*]: Hucitec Editora, 2021.

FALCI, Miridan Britto; MELO, Hildete Pereira de. Eufrásia Teixeira Leite: o destino de uma herança. *In:* CONGRESSO BRASILEIRO DE HISTÓRIA ECONÔMICA, 5., CONFERÊNCIA INTERNACIONAL DE HISTÓRIA DE EMPRESAS, 6., 2003, Caxambu/MG. *Anais* [...]. Caxambu, 2003.

GONDRA, José Gonçalves; SCHUELER, Alessandra. *Educação, poder e sociedade no império brasileiro*. São Paulo: Cortez, 2008.

HARVEY, David. *Paris, capital da modernidade*. São Paulo: Boitempo, 2015.

KONKEL, Eliane Nilsen; CARDOSO, Maria Angélica; HOFF, Sandino. A condição social e educacional das mulheres no Brasil Colonial e Imperial. *Roteiro*. Santa Catarina, v. 30, n. 1, p. 35-60, 2005.

PONTES, Luciana Barros. *Eufrásia Teixeira Leite:* um estudo biográfico. 2013. Dissertação (Mestrado em Teoria Literária e Crítica da Cultura) – Programa de mestrado em Letras, Universidade Federal de São João del-Rei, São João del-Rei, 2013.

REIS, João José. *A morte é uma festa:* ritos fúnebres e revolta popular no Brasil do século XIX. São Paulo: Companhia das Letras, 1991.

SANT'ANNA, Sabrina Mara. *A boa morte e o bem morrer:* culto, doutrina, iconografia e irmandades mineiras (1721 a 1822). 2006. Dissertação (Mestrado em História Social da Cultura) – Faculdade de Filosofia e Ciências Humanas, Universidade Federal de Minas Gerais, Belo Horizonte, 2006.

WEINHARDT, Marilene. Eufrásia Teixeira Leite: personagem biográfica romanceada. *Let. hoje*. Rio Grande do Sul, v. 53, n. 2, p. 266-274, 2018.

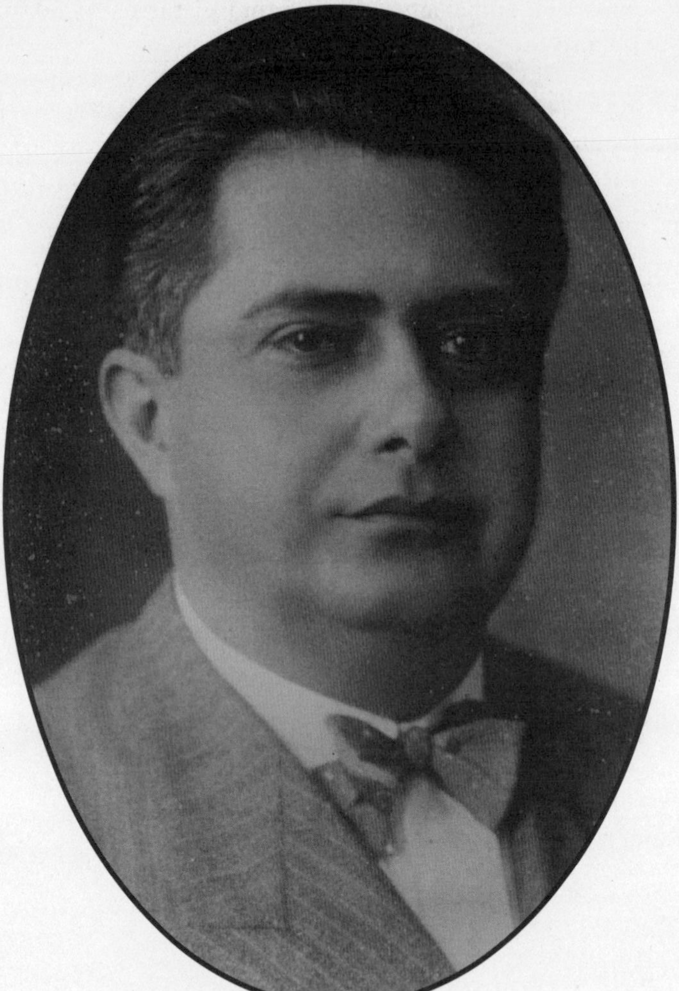

Jesus Norberto Gomes

—

O empreendedor que virou parte de uma cultura

Introdução

O que se requer para influenciar a cultura de uma cidade, estado ou até mesmo de uma nação? Essa é uma resposta complexa, pois a cultura, assim como qualquer aspecto social, tende a modificar-se a todo momento e de maneira veloz, especialmente hoje em dia. E há ainda um componente essencial nisso tudo: o tempo. Uma expressão antiga afirma que "o tempo prova tudo", indicando que a validade de um pensamento, sentimento ou ação é discernida pela sua repercussão ao longo das gerações.

Diante desse cenário, presenciamos uma dualidade entre a dinâmica atual da nossa sociedade e as tradições que continuam a influenciar o estilo de vida das pessoas. É uma contínua batalha entre os modelos tradicionais e a vanguarda, quase sempre liderada pela juventude revolucionária, e seu desfecho, inevitavelmente, manifesta-se em uma equalização – nem sempre harmoniosa – de valores que às vezes são preservados e às vezes são transformados.

Refletindo sobre esse tema e aplicando-o ao nosso objeto de estudo, compreendemos que um empreendedor, cuja característica principal seja a inovação, precisa adaptar-se e entender a cultura em que está inserido. Além disso, mesmo que seu empreendimento alcance o sucesso esperado, isso nem sempre resulta em uma mudança da cultura local ou, pelo menos, em uma contribuição significativa para esse aspecto social. Nesse sentido, queremos salientar que um empreendimento pode passar quase "despercebido" pelo mundo, sem deixar uma marca significativa na história de uma população ou local.

Alcançar esse patamar representa uma característica dos grandes empreendedores, pois transcendem o cenário puramente econômico e adentram outra esfera. Suas inovações alcançam o imaginário das pessoas, tornando-se integrantes de um modelo de vida. Nesse processo, eles deixam para trás o domínio objetivo dos números e do lucro e adentram, literalmente, um terreno metafísico, no qual a imaginação e a cultura são elementos que ultrapassam a materialidade.

Podemos audaciosamente afirmar que chegar a esse nível de "adesão" cultural é o mais próximo que nós, como espécie humana, podemos conceber da imortalidade. Ao deixar nossa marca no tempo, somos eternizados em nossas obras, feitos e memórias. Chega-se ao imaterial, ao intangível, no qual apenas podemos vislumbrar as pegadas ao longo da estrada que é o tempo.

Neste capítulo, conheceremos a história do indivíduo cujo nome deixou um legado na memória e na cultura de um estado brasileiro inteiro. Estamos nos referindo a Jesus Norberto Gomes, o visionário responsável pela criação do incomparável Guaraná Jesus.

As faces de um mesmo homem

Contar a trajetória de Jesus Norberto Gomes vai além de simplesmente dispor fatos em uma linha do tempo. Na realidade, é necessária uma análise que ultrapasse a mera cronologia, a fim de compreender os pensamentos, os ideais e as aspirações desse empreendedor diante do mundo em que esteve inserido. Pois, assim como um prisma, é essencial explorar as diversas facetas que Jesus assumiu ao longo de sua carreira.

Ao examinarmos a historiografia relacionada a Jesus Norberto Gomes, deparamo-nos com uma variedade de atividades atribuídas a ele. Encontramos o Jesus farmacêutico, o Jesus industrial e até mesmo um suposto Jesus "comunista", preso durante a intentona de 1935. Diante de tantas facetas, produzidas e construídas ao longo de sua própria vida e mesmo após o término de sua existência material, surge a questão: como identificar a essência, o Jesus Norberto Gomes "real"?

Talvez essa seja uma investigação difícil e audaciosa, mas acreditamos que seja possível perceber a essência desse empreendedor por meio de cada perfil traçado em suas biografias. Para alcançar tal compreensão, buscamos identificar, como em um colar de pérolas, o fio condutor que perpassa e une todas essas características. Mais do que compreender o empreendedor, almejamos chegar ao Jesus humano, inventivo, capaz de manifestar todas as suas virtudes diante dos desafios que enfrentou.

Os primeiros anos

Vamos iniciar, então, a jornada de Jesus Norberto Gomes. Sua história começa, como tantas outras, de maneira humilde. Nascido em 1891 na então vila de Mearim (atual Vitória do Mearim), o jovem Jesus enfrentou, desde cedo, a necessidade de conhecer o mundo do trabalho. É importante recordar que estamos no final do século XIX, uma época em que a educação em pequenas localidades era escassa e predominantemente destinada às elites. Assim, para as camadas mais humildes da população, a vida começava quando se tornava possível auxiliar os pais em seus ofícios.

Os pais de Jesus Norberto Gomes eram comerciantes. Embora tenhamos poucas informações sobre essa fase inicial da vida do nosso empreendedor, sabemos que seu pai faleceu em 1903, quando Jesus tinha apenas 12 anos de idade. A mãe tentou dar continuidade aos negócios, enquanto Jesus e os irmãos (ele sendo o caçula de oito filhos) ajudavam nas mais diversas tarefas. De acordo com Pereira e Thiago (2012, p. 3),

> Jesus Norberto Gomes nasceu em 06 de junho de 1891, em Vitoria do Mearim, cidade a cerca de 180 km de São Luís – MA. Oitavo filho, e também o caçula, de comerciante e "dona de casa", Jesus Gomes teria começado a trabalhar no negócio da família ainda

na cidade natal por ocasião da morte do pai, em 1903. Aos 14 anos, migrou para São Luís, onde passaria a residir com uma família de amigos dos Gomes. Data desse período o início do trabalho numa das farmácias da capital, a Pharmácia Marques.

A decisão de migrar para São Luís pode ser analisada por diversos aspectos. Vale lembrar que, no início do século XX, as migrações no Nordeste eram eventos relativamente comuns, muitas vezes motivadas pelas secas e pelas condições desfavoráveis no interior da região. Nessa mesma perspectiva, as capitais tornaram-se pontos de atração para a população do interior, assim como havia migração para outras regiões. Dessa forma, podemos inferir que a mudança de Jesus Norberto Gomes para a capital maranhense pode ter sido motivada, entre outros fatores, pelo padrão cultural estabelecido na época, que levava as pessoas a buscarem áreas mais atrativas para garantir sua subsistência.

Em relação ao tema da seca e da migração do interior para a capital, a historiadora Márcia Milena Galdez Ferreira (2011, p. 3), com dados de Jerônimo de Viveiros (1964), nos oferece a seguinte análise:

> O impacto inicial do problema da seca no sertão do Ceará recai sobre a capital Fortaleza e outras cidades litorâneas cearenses que precisam abrigar e alimentar uma multidão de famintos, doentes e indigentes. Com o apoio de políticas imperiais inicia-se seu deslocamento para províncias vizinhas. São Luís começa a receber a partir de junho de 1877 um avultado número de migrantes. De acordo com os dados do porto teriam ingressado cerca de 10.849 retirantes nesta cidade com população então estimada em 34.966.

O fenômeno das migrações no Nordeste não se restringiu ao século XIX, estendendo-se ao longo de grande parte do século XX, atravessando naturalmente diversas gerações e apresentando-se como uma resposta aos desafios da seca e da pobreza que assolavam a região. O impacto cultural dessa migração não pode ser ignorado, uma vez que, até os dias atuais, persiste a imagem do Nordeste como uma região carente de recursos e que utiliza a migração como um meio de sobrevivência.

No caso de Jesus Norberto Gomes, concluímos que sua mudança para São Luís foi impulsionada pela busca por condições mais favoráveis, não necessariamente relacionadas à seca. No entanto, é evidente a influência da cultura na decisão de se deslocar para a capital.

E assim o fez em 1904, apenas um ano após o falecimento de seu pai. Hospedando-se na casa de amigos da família e sem educação formal, Jesus deu seus primeiros passos na capital ao conseguir emprego como auxiliar em uma farmácia. Apesar da falta de instrução formal, evidencia-se um esforço real em aprender sobre o ofício de farmacêutico. Uma fonte da época menciona a existência de um "caderno de fórmulas" datado de 1908, indicando o comprometimento do jovem Jesus com a profissão (Gomes, 2006, p. 13 e 18 *apud* Pereira; Thiago, 2012, p. 2).

Entendemos que a prática é um dos métodos mais eficazes de aprendizado. Portanto, é possível afirmar que Jesus Norberto Gomes talvez não possuísse um conhecimento teórico profundo em sua área, mas demonstrou ser um habilidoso farmacêutico ao desenvolver experimentos e aprender novas formas de fabricar remédios. É nesse estágio, entre os 14 e os 20 anos, que começamos a vislumbrar as primeiras características empreendedoras no jovem farmacêutico, pois é durante esse período de aprendizado que suas primeiras ideias começam a surgir.

Não por acaso, durante a década de 1910 Jesus sentiu a necessidade de alçar voos maiores e acabou deixando a Pharmacia Marques para iniciar seu próprio empreendimento. Após reunir as economias, ele adquiriu a Pharmacia Galvão, também situada em São Luís. Agora, com o próprio negócio, ele poderia finalmente dar vida às ideias que até então existiam apenas em seus sonhos.

Um dos principais desafios, entretanto, residia dentro da própria cidade. Apesar de ser a capital do estado, São Luís ainda apresentava um desenvolvimento urbano limitado. É relevante lembrar que o Maranhão foi um dos poucos estados que resistiram à independência do Brasil, aderindo a ela somente em 1823. Sob o domínio histórico da elite portuguesa e marcado pelo sistema escravocrata, no início do século XX São Luís se mantinha mais próxima ao passado colonial brasileiro do que aberta às inovações da modernidade. De acordo com o historiador Fortunato Zago e a arquiteta e urbanista Edlucy Costa (2008, p. 3),

> São Luís, de marcante influência portuguesa, imperial e escravista, iniciou seu declínio frente aos outros grandes centros urbanos do Brasil. Sofreu com turbulências políticas e perda de importância econômica. O ocaso da cidade coincidiu com a transição do trabalho escravo para o trabalho assalariado e com a formação dos grupos oligárquicos que doravante controlariam o estado, mantendo o centro das decisões na capital. Atividades como a manufatura algodoeira e o beneficiamento de arroz, açúcar e óleo de babaçu sustentaram a economia, mas não impediram o empobrecimento de grande parte da população.

O trecho discutido destaca o período de transição entre o modelo imperial e o período republicano. Em um momento de significativas mudanças, tanto a capital do Maranhão quanto o estado encontravam-se à margem do poder central durante a Primeira República. Diante desse cenário, surge a pergunta: como empreender?

É comum o pensamento de que o empreendedorismo surge como resultado do desenvolvimento dos grandes centros urbanos, sendo essencial estar inserido no "olho do furacão" das atividades para aproveitar as oportunidades de negócios. Embora essa percepção seja válida, pois permite a criação de diferentes panoramas em uma dinâmica econômico-social mais "aquecida", também é importante considerar que um elemento determinante para empreender é a busca por modificar a realidade circundante. Logo, em um contexto de escassez é necessário estimular a criatividade para atender às necessidades da vida.

Se adotarmos essa perspectiva, podemos compreender que o empreendedorismo pode surgir de diversas fontes, e uma delas, sem dúvida, é a necessidade de transformar o ambiente ao redor. No caso de Jesus Norberto Gomes, podemos considerar seu impulso empreendedor como uma resposta às demandas da própria região. Conforme relatado por Elir Gomes, filho e herdeiro da memória do nosso empreendedor, São Luís era uma cidade desprovida de pronto-socorro (Gomes, 2006, p. 14), evidenciando a carência de serviços médicos e a necessidade de medicamentos e soluções para os habitantes da capital maranhense.

Portanto, a busca inicial de Jesus Norberto Gomes não era criar um refrigerante, mas sim atender às necessidades de sua cidade. Além da iniciativa de abrir o próprio negócio, podemos observar outra grande qualidade para um empreendedor: a capacidade de identificar oportunidades. Ampliar os horizontes do setor farmacêutico em São Luís não era apenas uma maneira de aumentar sua renda, mas também de avançar em um território ainda pouco explorado, garantindo uma maior inserção da população. O jovem Jesus soube aproveitar a oportunidade de expansão, conforme indicam os relatos, e sua "Pharmacia Sanitária", como ficou conhecida, rapidamente conquistou clientela e, em poucos anos, já estava expandindo-se na capital.

O nome escolhido para o empreendimento é outra chave para compreender a situação social em que São Luís se encontrava, indicando também um nível de atenção por parte de Jesus em relação ao contexto brasileiro. Enquanto o Rio de Janeiro, capital do Brasil na época, passava por diversas reformas urbanas para aprimorar a saúde pública, poucas capitais seguiram esse exemplo. Foi apenas décadas mais tarde que a necessidade levou outras grandes cidades do país a realizarem suas próprias reformas. São Luís foi uma dessas cidades que, mesmo tardiamente, direcionou o foco para as questões sanitárias. No entanto, já na década de 1920, Jesus Norberto Gomes demonstrava suas preocupações e atuava, de forma individual, nesse campo social.

A Pharmarcia Sanitária tinha como função principal a comercialização de medicamentos para a população em geral. Mas sua expansão também ajudou os pacientes que necessitavam de tratamento para suas enfermidades, tornando-se uma valiosa aliada dos médicos na descoberta de novos medicamentos.

> Em 1920, a farmácia é transferida para um prédio maior, onde um pequeno espaço seria reservado aos "estudos e experiências" que proporcionaram o surgimento e a comercialização de uma "gama de novos produtos" destinada a moradores, médicos e demais profissionais de saúde de São Luís (GOMES, 2006, p. 16-22 *apud* PEREIRA; THIAGO, 2012, p. 3).

Já nesse estágio inicial, podemos observar as mudanças e aportes feitos por Jesus Norberto Gomes à sociedade. Ao buscar soluções comerciais para melhorar a saúde da cidade, através da fabricação de medicamentos ou do apoio aos profissionais de saúde, o empreendedor demonstra não apenas suas ideias, mas também um desejo de melhorar a qualidade de vida das pessoas do seu entorno. Não por acaso, à medida que seu negócio começava a expandir, Jesus percebeu a necessidade de ir além das experiências. Aprender por meio da técnica de "tentativa e erro" não era mais suficiente para alcançar os avanços necessários, levando-o a ingressar na faculdade de farmácia, na qual se formou em 1925 (Pereira; Thiago, 2012, p. 3).

Podemos afirmar que é a partir da segunda metade dos anos 1920 que Jesus Norberto Gomes avança em sua carreira, elevando os negócios a um novo patamar. O jovem que inicialmente buscava aprender o ofício de farmacêutico já não era mais um aprendiz. Seu conhecimento técnico, aliado à sua habilidade de empreender, o impulsionou rapidamente para se tornar uma figura eternizada na história cultural do Maranhão.

Guaraná Jesus: da origem à imortalidade

O processo inicial de imortalização de Jesus Norberto Gomes na cultura e no imaginário do povo maranhense partiu de um equívoco. Como se sabe, entre todos os produtos desenvolvidos por Jesus Norberto Gomes o mais famoso é o guaraná que leva o seu nome. No começo, o empreendedor não tinha a intenção de ingressar no setor de bebidas gaseificadas, e essa mudança de direção aconteceu devido a um "fracasso". Talvez não seja de todo apropriado rotular isso como um "fracasso", especialmente agora que estamos contando essa história, mas é fato que a ideia do Guaraná Jesus teve origem em um experimento malsucedido, exigindo ajustes significativos.

Tudo começou com a expansão da Pharmacia Sanitária ainda em 1925. Ao adquirir um prédio de dois pavimentos, Jesus Norberto Gomes conseguiu conciliar suas duas grandes paixões na área farmacêutica: o atendimento e o laboratório. Enquanto o primeiro pavimento era destinado à loja em si, no andar superior Jesus estabeleceu um laboratório para suas experiências. Foi exatamente nesse período que surgiu o primeiro dos seus refrigerantes, o Kola Guaraná Jesus. Como foi dito, inicialmente essa não era a intenção do nosso empreendedor.

> Os relatos sobre a invenção e o início da fabricação deste e de outros refrigerantes e produtos gaseificados pela farmácia-laboratório baseiam-se numa espécie de "mito fundante". Uma máquina gaseificadora teria sido importada da Alemanha para a produção de Magnésia Fluída [sic] (ou hidróxido de magnésio), produto à época fabricado pela Casa Granado, do Rio de Janeiro, e amplamente receitado e utilizado como antiácido. A tentativa de registro e fabricação do produto, entretanto, teria sido frustrada pela propriedade de sua fórmula pela Casa Granado. Como realizado por outras indústrias do país, a máquina gaseificadora encontraria utilidade na produção de refrigerantes e águas gaseificadas (PEREIRA; THIAGO, 2012, p. 3-4).

O relato sobre a origem do Kola Guaraná Jesus é interessante, pois permite a análise de alguns aspectos históricos. O primeiro deles está, naturalmente, na busca de Jesus Norberto Gomes em tentar produzir uma substância que até então, em São Luís, era apenas importada. Sabe-se que a magnésia fluida foi amplamente utilizada nos séculos XIX e XX como um poderoso remédio contra problemas digestivos, desde prisão de ventre até inflamações. Então é evidente que a decisão de fabricar essa substância não foi tomada ao acaso, mas sim como uma tentativa de alcançar independência econômica em relação aos grandes laboratórios, como a Casa Granado.

O laboratório mencionado foi estabelecido no início do século XX e rapidamente se destacou como um importante centro de produção no Rio de Janeiro, a capital do Brasil. Se considerarmos novamente a situação do estado do Maranhão durante os primeiros anos da República, podemos facilmente identificar uma relação de centro-periferia, na qual as comunidades localizadas na margem periférica orbitam em torno dos centros e deles dependem. Para uma melhor compreensão dessa ideia, vejamos o seguinte trecho do economista André Nassif (2021, p. 2):

O modelo centro-periferia origina-se das teses desenvolvidas, de forma quase simultânea, mas independente, no início dos anos 1950, por Raúl Prebisch, segundo secretário-executivo da Cepal, e Hans Singer, economista do Departamento Econômico das Nações Unidas. Prebisch (1949), particularmente, divide a economia mundial em dois blocos de países: o "centro", formado pelos países desenvolvidos, que concentram as inovações e detêm a posição de quase monopólio do progresso técnico global; e a "periferia", formada pelos países subdesenvolvidos ou em desenvolvimento, que procuram imitar e absorver o progresso técnico emanado dos países centrais.

Para entendermos o caso de Jesus Norberto Gomes, usaremos a mesma lógica de centro-periferia, em que o "centro" é representado pelos principais polos econômicos do país na época, especialmente o eixo Rio-São Paulo. A tentativa de Jesus com sua máquina gaseificadora era escapar, mesmo que minimamente, da dependência de insumos e produtos provenientes desses grandes centros, visando alcançar um grau de autonomia nos negócios. Como observamos, uma questão burocrática o impediu, frustrando sua iniciativa. Mas, para um empreendedor de grande porte, é necessário saber aceitar algumas derrotas; afinal, no jogo do empreendedorismo, o risco é a única constante que se pode esperar.

Diante da impossibilidade de fabricar sua própria magnésia fluida, o jovem farmacêutico optou por se aventurar no ramo de bebidas gaseificadas, destacando-se o Kola Guaraná Jesus. No entanto, esse não foi o único produto fabricado pelo laboratório, já que o empreendedor também desenvolveu outros tipos de líquidos gaseificados, como água mineral, água tônica e diversos outros, conforme relatado por seu filho caçula, Elir Gomes.

> Depois da Kola Guaraná vieram outros produtos, tais como: Água Mineral Artificial, Água de Mesa, Gengibre, Água Tônica Três

> Quinas, Água Tônica, Soda Water, Soda Limonada (artificial), Licor de Mate, Lupo Mate, Xarope de Guaraná, todos com a marca Jesus e Catuí, com larga aceitação no mercado (GOMES, 2006, p. 26).

Uma vez mais, é possível perceber uma virtude marcante que eleva Jesus Norberto Gomes à categoria de grande empreendedor. Além de sua capacidade de adaptação diante da "derrota" inicial, a modificação dos planos e a incursão em outro ramo farmacêutico revelaram-se mais do que estratégicas, eram uma inteligente manobra baseada na visão ampliada de seu mercado. O empreendedor não se limitou apenas à Kola Guaraná Jesus, que ainda hoje é o mais bem-sucedido de seus produtos. Como observamos, ele criou uma linha diversificada de líquidos gaseificados, atendendo a diversas ocasiões, desde o prazer de consumir um refrigerante até o alívio dos sintomas de algumas enfermidades.

A diversidade de produtos impulsionou a Pharmacia Sanitária a ganhar destaque em São Luís, à medida que o mercado local gradualmente se tornava limitado para o empreendedor. Uma evidência disso ocorreu em 1943, quando Jesus optou por separar seus produtos gaseificados dos demais medicamentos oferecidos na farmácia, transformando o refrigerante em uma marca própria. A produção passou a ser realizada em escala industrial e os produtos foram distribuídos por todo o estado do Maranhão.

Alguns podem questionar a "demora" no processo de evolução dos produtos desenvolvidos por Jesus Norberto Gomes, uma vez que mais de quinze anos foram dedicados a essa expansão. Contudo, é importante lembrar dois aspectos fundamentais que diferenciam a velocidade de crescimento de uma empresa quando comparada ao mundo atual: tempo e espaço.

Sinalizamos o tempo como um dos marcadores importantes, pois é essencial lembrar que estamos nos referindo à primeira metade do século XX, uma época em que a modernidade ainda estava em processo de desenvolvimento. Nesse contexto, diversos artifícios para administrar um negócio ainda não estavam plenamente estabelecidos, e, naturalmente, o caminho do sucesso demandava – e, em alguns casos, ainda demanda – um tempo significativo para transformar a semente em uma árvore frondosa, pronta para dar frutos.

O segundo ponto é o espaço, ou seja, a localidade em que Jesus Norberto Gomes estava inserido. Já discutimos a ideia de centro-periferia, e esse conceito também se aplica de forma significativa à expansão e ao desenvolvimento dos negócios. Enquanto nos grandes centros urbanos há uma circulação maior de dinheiro, resultado de uma atividade comercial dinâmica e de uma população mais numerosa, nas regiões periféricas[5] é comum que esses efeitos ocorram em menor quantidade e de maneira mais lenta.

Portanto, com base nesses dois aspectos, podemos compreender que a trajetória de Jesus Norberto Gomes nas duas primeiras décadas não se resume a um empreendimento que demorou a "vingar", como frequentemente costumamos dizer, mas a uma expansão progressiva que foi cuidadosamente planejada, inclusive a longo prazo. Uma das evidências disso está na educação dos filhos, que, em geral, foram incentivados a estudar no Rio de Janeiro, conforme indicado por Pereira e Thiago (2012, p. 4):

> Jesus Gomes e Jandyra Nogueira Gomes, casados desde 1915, tiveram oito filhos. Em 1940, a família teria migrado para cidade do Rio de Janeiro para que alguns dos filhos – Ilva (3ª), Elva (4ª) e, posteriormente, Vinício (5º) – ingressassem no curso de Farmácia da então Faculdade de Medicina da Universidade do Brasil, atual UFRJ. Neste período, os mais novos – Ilnete (6ª), Jesus (7º) e Elir (8º) – também frequentaram, respectivamente, os cursos Científico, Ginasial e Primário no então Distrito Federal.

---

5 Relembramos que o uso do termo "periférica" ou "periferia" está diretamente ligado à ideia de estar afastado do centro e não deve ser encarado de forma pejorativa.

Este episódio da trajetória da família Gomes indica as relações entre um projeto familiar de educação dos filhos e a estratégia de administração dos negócios.

A busca por uma educação de maior qualidade na capital do país era uma prática comum na dinâmica brasileira desde o período colonial – entre aqueles que dispunham dos meios para tal. Da mesma forma, o envio de filhos para estudar no exterior também era tão recorrente entre a elite econômica brasileira que frequentemente é apontado como um dos fatores que contribuíram para o atraso no desenvolvimento de faculdades e escolas de qualidade em nosso país. Por isso, a decisão de Jesus Norberto Gomes de enviar seus filhos para estudar nas melhores escolas do Rio de Janeiro talvez não esteja necessariamente vinculada a um projeto de construção familiar, mas sim ao desejo de um pai de oferecer as melhores oportunidades para a família.

Esse é um argumento válido, mas existem outros indícios que sustentam a visão de que a educação superior dos filhos estava, de fato, voltada para um projeto de expansão e de continuidade dos negócios da família. Temos conhecimento de que os filhos desempenharam papéis ativos na expansão dos empreendimentos familiares, sempre liderados por Jesus Norberto Gomes. Outro elemento que aponta para um projeto familiar, demonstrando que as intenções do empreendedor estavam em assegurar que sua indústria fosse passada para as mãos da próxima geração, é o fato de seus filhos mais velhos terem ingressado no curso de farmácia, seguindo os passos do pai.

Observamos então que a realidade subjacente aos eventos está permeada por uma série de aspirações. As ações de Jesus Norberto Gomes não devem ser vistas como atos isolados, motivados unicamente pelos desejos paternos ou pelo seu lado empresarial. Devemos considerá-lo em sua totalidade, como ser humano capaz – e certamente o foi – de agir com base em diferentes aspirações. Além disso, é fundamental levar em conta a autonomia dos filhos, que, em algum grau, concordaram e seguiram os passos do pai, tanto na escolha da faculdade quanto na profissão que exerceram.

Nos anos 1950, a indústria de Jesus Norberto Gomes consolidava-se ainda mais em São Luís, conforme indicado por Pereira e Thiago (2012, p. 4-5):

> Em janeiro de 1950, a indústria deixa o espaço físico da farmácia e ganha novas instalações e máquinas, o que teria proporcionado um aumento significativo de produção e vendas. O Kola Guaraná Jesus, por exemplo, passa a ser distribuído em todo o estado do Maranhão. Em julho do mesmo ano, seria a vez do "departamento de produtos farmacêuticos" ser desvinculado da Pharmácia Sanitária, dando origem a outra empresa, o Laboratório Jesus Ltda, abrigada no mesmo prédio da indústria. Neste período, os filhos são incorporados à administração das três empresas da família.

A nova fase dos empreendimentos de Jesus Norberto Gomes impulsionou não apenas seus produtos mas também seu nome no imaginário popular. A pequena farmácia que vendia refrigerantes em 1920 agora era uma marca consolidada na capital maranhense e na vida da população. O Guaraná Jesus passou a ocupar um lugar de destaque na vida cotidiana das pessoas, já não era apenas uma bebida, era um símbolo do patrimônio cultural do estado. Isso se deve, em grande parte, a alguns fatores decisivos, como o fato de a expansão da empresa ter sido consolidada primeiramente em São Luís e só depois se espalhado por todo o estado, seguindo um método de expansão "contrário" ao convencional.

Quando analisamos do ponto de vista do mercado, é compreensível que buscar os grandes centros seja preferível, pois é nesses locais que encontramos a maior concentração populacional. No entanto, se considerarmos o ponto de vista cultural, perceberemos que, ao expandir uma marca para outros estados, perde-se um elemento crucial na construção de uma identidade: o sentido de autenticidade. Durante décadas, o Guaraná Jesus só podia ser encontrado no Maranhão, o que o tornou praticamente exclusivo da cultura regional. Ao cultivar esse aspecto ao longo de gerações, consolidando a marca como um elemento cultural do estado, o Guaraná Jesus ultrapassou as barreiras econômicas e tornou-se um patrimônio imaterial do Maranhão.

Podemos afirmar com um certo grau de convicção que, se o projeto de expansão de Jesus Norberto Gomes estivesse direcionado a difundir sua marca pelas grandes capitais do país, à semelhança de tantos outros empreendedores, é bastante provável que o Guaraná Jesus seria apenas mais um entre os muitos produtos existentes ao longo de nossa história. Seu diferencial, portanto, foi alcançar um patamar distinto dentro do imaginário popular, ao ponto de não depender das circunstâncias, tornando-se uma parte eternizada na tradição desse estado.

Como mencionado no início deste capítulo, alcançar esse patamar não é uma tarefa simples. Requer, de fato, um projeto bem elaborado e muito trabalho. É possível que os planos originais de Jesus Norberto Gomes não tenham incluído chegar a esse ponto específico, mas, sem dúvida, é um mérito atribuído aos seus esforços conscientes para elevar o nível de seus empreendimentos.

Nos primeiros anos da década de 1960, a indústria Jesus deu um novo salto, expandindo ainda mais os horizontes e consolidando-se como uma bebida tradicional de São Luís. Mas o papel de Jesus Norberto Gomes já havia se encerrado na história de sucesso da empresa e de seus produtos. Em 1963, o fundador da Pharmacia Sanitária, da Indústria Jesus e o criador do renomado Guaraná Jesus encerrou seu ciclo de vida aos 71 anos.

Com sua morte, a indústria passou a ser liderada pelos filhos, principalmente Jesus Norberto Gomes Jr., e pelo genro Antônio Carlos Saldanha. Foi nesse período que a bebida alcançou o status de patrimônio cultural, tornando-se uma referência para todas as camadas da população maranhense.

> Uma anedota maranhense afirma que, no estado, o primeiro significado da palavra Jesus é um refrigerante. A brincadeira reflete um fenômeno que começou local [...]. O guaraná Jesus, criado em 1920, enraizou-se no gosto maranhense. Com pouquíssima propaganda, tornou-se quase um símbolo cultural do Estado (ROCHA, 2011, p. 1).

Quase como poesia, em que um verso termina para dar lugar a outro, percebemos que o fim da existência do empreendedor e o auge de seu empreendimento revelam uma sincronicidade da vida, sugerindo talvez que a eternidade está reservada à memória e ao legado construído ao longo de nossa jornada. Nesse contexto, a morte pode ser percebida apenas como uma ilusão. A memória de Jesus é preservada e transmitida por seus filhos, netos e bisnetos até os dias de hoje. Apagar a história desse empreendedor extraordinário seria uma tarefa impossível, pois sua marca está profundamente enraizada no coração de cada pessoa que visitou, vive ou conhece o Maranhão. Agora não precisamos mais recorrer à lembrança dos eventos e à maneira como esse visionário empreendedor foi percebido pela sociedade. Os diversos papéis desempenhados por Jesus já não são suficientes para se comparar ao que está registrado na eternidade por meio de seus produtos. É assim que o empreendedor se transforma em um mito, um verdadeiro arquiteto de sua própria história. Portanto, é merecido que seu nome esteja entre os grandes empreendedores da história do Brasil.

Anexo

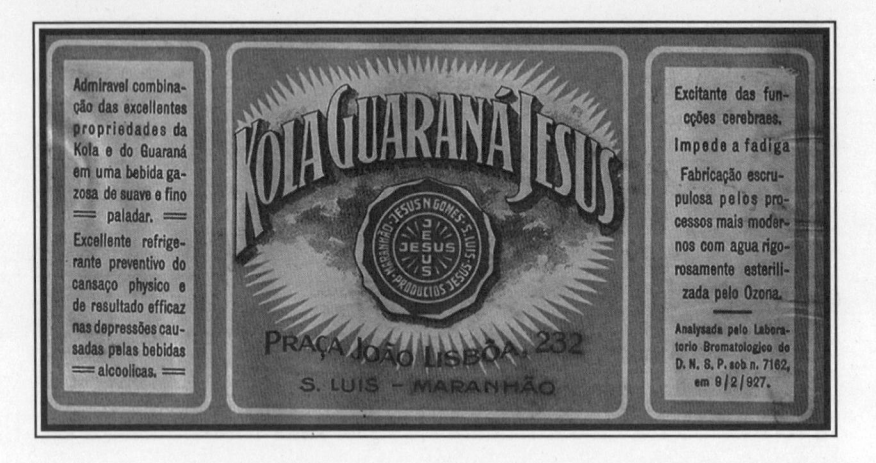

Rótulo do Guaraná Jesus, 1927.
Foto: Imagem de acervo familiar cedida pela bisneta Roberta Gomes, responsável pela salvaguarda do acervo histórico.

Anúncio da Pharmacia Sanitária, de Jesus Norberto Gomes.
Foto: Imagem de acervo familiar cedida pela bisneta Roberta Gomes, responsável pela salvaguarda do acervo histórico.

Referências

CHARTIER, Roger. *A história cultural:* entre práticas e representações. 2. ed. Lisboa: Diefel, 2002.

FERREIRA, Márcia Milena Galdez. *In:* SIMPÓSIO NACIONAL DE HISTÓRIA, 26., 2011, São Paulo. *Anais* [...]. São Paulo: USP, 2011. Disponível em: https://www.snh2011.anpuh.org/resources/anais/14/1300908633_ARQUIVO_Texto_ANPUH_numerado[1].pdf. Acesso em: 22 maio 2024.

FREITAS, Elisio Rodrigues de. Regional versus Global: A marca Guaraná Jesus e The Coca-Cola Company no Maranhão. *In:* SEMINÁRIO INTERNACIONAL SOBRE DESENVOLVIMENTO REGIONAL, 6., 2013, Santa Cruz do Sul. *Anais* [...]. Santa Cruz do Sul, 2013.

GOMES, Elir Jesus. *Jesus Gomes:* sua vida, seu sonho. São Luís: Lithograf, 2006.

LIMA, Carlos de. *História do Maranhão*. São Luís: Sioge, 1981.

LOUSEIRO, Caroline Carneiro. *Guaraná Jesus além das fronteiras Maranhenses:* uma perspectiva acerca de sua essência e imagem. 2022. Trabalho de Conclusão de Curso (Bacharelado em Administração) – Unidade de Ensino Superior Dom Bosco, São Luís, 2022.

NASSIF, André. *O modelo centro-periferia e a economia da Cepal:* ontem e hoje. 2021. Artigo apresentado no 49º Encontro Nacional de Economia da Associação dos Centros de Pós-Graduação em Economia (Anpec). [*S. l.*], 2021.

OJIMA, Ricardo; FUSCO, Wilson. Migrações e nordestinos pelo Brasil: uma breve contextualização. OJIMA, Ricardo; FUSCO, Wilson (org.). *Migrações nordestinas no Século 21:* um panorama recente. São Paulo: Editora Edgard Blücher, 2015. p. 11-26.

PEREIRA, Sérgio Martins; THIAGO, Cristiane Muniz. Um comunista chamado Jesus: a trajetória de um industrial maranhense no início do século XX. *In:* ENCONTRO REGIONAL DE HISTÓRIA, 15., 2012, Rio de Janeiro. *Anais* [...]. Rio de Janeiro, 2012.

PEREIRA FILHO, Jomar Fernandes. Formação econômica do Maranhão: superexploração e estado oligárquico como entraves ao desenvolvimento. *In:* JORNADA INTERNACIONAL DE POLÍTICAS PÚBLICAS, 8., 2015, São Luís. *Anais* [...]. São Luís, 2015.

ROCHA, Joni. Guaraná Jesus conquistou a maior premiação mundial de design e poucos maranhenses ficaram sabendo. Disponível em: http://jonirocha.blogspot.com.br/2011/01/guarana-jesus-conquista-maior-premiacao.html. Acesso em: 20 jun. 2023.

ZAGO, Fortunato; COSTA, Edlucy. *Dinâmica histórica e urbana de São Luís*. São Luís: Instituto da Cidade, Pesquisa e Planejamento Urbano e Rural, 2008.

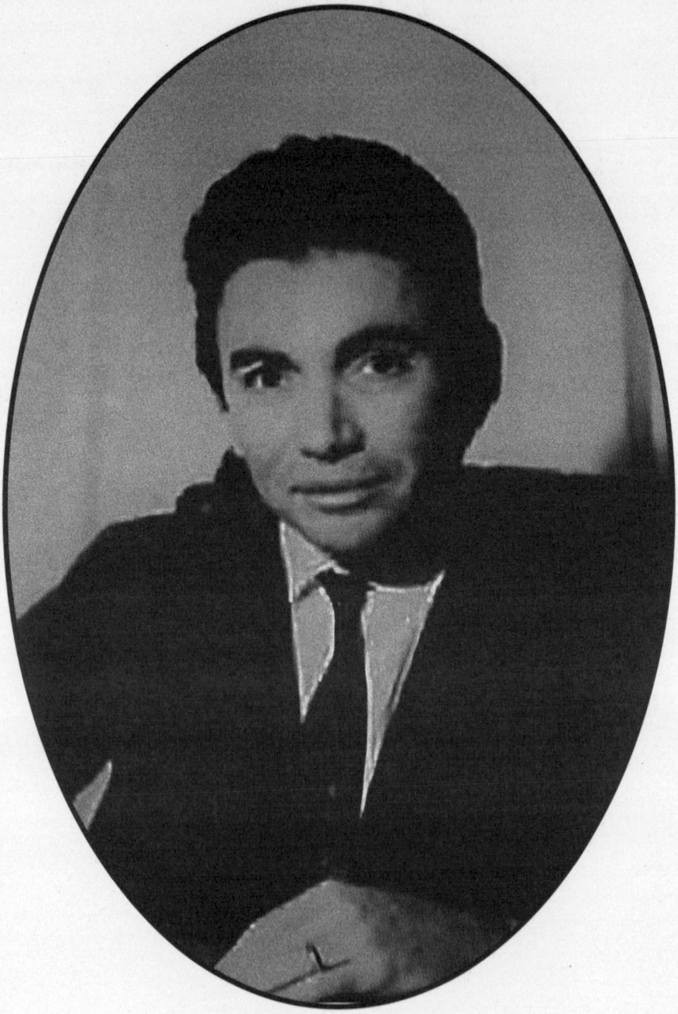

Nevaldo Rocha

—

*O "self-made man" que construiu
um império do varejo*

Introdução

Nas ciências humanas há uma discussão perene sobre o quanto o ser humano é influenciado pelo meio em que vive. Embora seja reconhecido que nossa cultura e vivências coletivas forjam, em maior ou menor grau, nossa forma de agir no mundo, também é importante considerar o papel do indivíduo em suas próprias experiências, o que, por sua vez, define quem somos.

Compreender essas duas variáveis é apenas o ponto de partida para desvendar a intrincada teia de relações sociais e seus impactos na vida de cada indivíduo, culminando em experiências que, embora possam ser semelhantes, são singulares. A natureza individual do ser humano desempenha um papel fundamental em cada trajetória, pois mesmo quando dois sujeitos compartilham experiências, estilos de vida e até uma cultura, ainda é possível afirmar que suas ações e atitudes serão distintas.

Anthony Giddens, renomado sociólogo inglês, dedicou-se a explorar essa questão e introduziu, no âmbito das ciências humanas, sua teoria da estruturação. Em termos gerais, essa teoria identifica mecanismos sociais que sustentam a relação sociedade-indivíduo por meio de uma troca de influências. Segundo Giddens (2009), o termo "estrutura" refere-se a todos os meios sociais nos quais uma cultura coletiva pode ser transmitida, de forma direta ou indireta. Por outro lado, a "agência" é definida como a ação dos indivíduos influenciados por essa cultura geral. As ações individuais têm impactos notáveis no ambiente social, que, por sua vez, necessita se reestruturar, gerando uma nova forma de cultura ou fortalecendo a já existente. No esquema a seguir, apresentamos essas relações de forma esquemática.

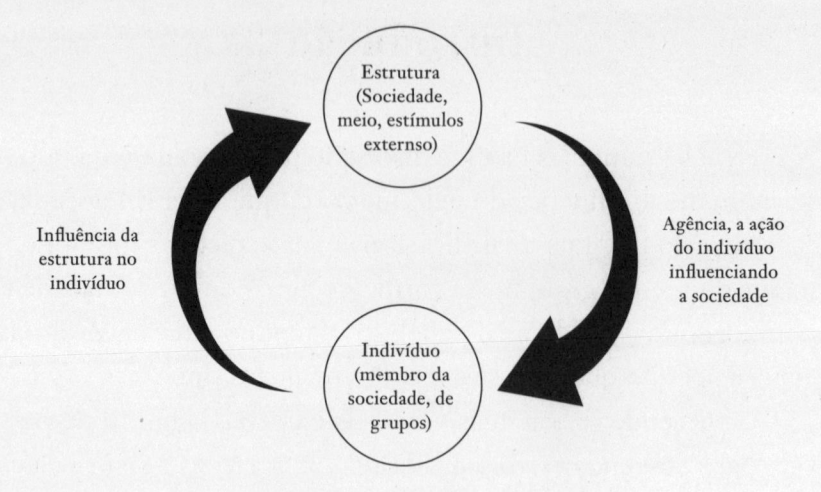

Figura 1: Relação entre "estrutura" e "agência"
na dinâmica sociedade-indivíduo.
Fonte: Adaptada pelo autor conforme conceitos de Giddens, 2009.

Entender essa dinâmica entre sociedade-indivíduo é fundamental para analisar o impacto dos empreendedores em nosso país. Nesse aspecto, podemos pensar diversos cenários nos quais o ambiente ou a cultura podem incentivar (ou não) o empreendedorismo. Em outras palavras, um empreendedor pode ser moldado pelo meio em que vive, mas, inversamente, em determinados contextos, a semente do empreendedorismo pode jamais germinar. Apesar de exercer uma influência significativa nas escolhas individuais, o ambiente no qual uma pessoa está inserida não determina suas ações, sua agência.

É nesse terreno movediço que surgem as mais inspiradoras narrativas do empreendedorismo, protagonizadas por visionários que, apesar de todas as adversidades, transformam suas próprias vidas e as de milhares de pessoas na sociedade. Uma expressão em inglês que descreve esses indivíduos de maneira bastante precisa é "self-made man", traduzida literalmente como "o homem que constrói a si mesmo". Esses empreendedores se destacam como pérolas em meio a um contexto desfavorável para seus projetos, e, mesmo diante disso, demonstram uma notável determinação e capacidade de superação.

Ao refletirmos sobre essas duas características é impossível não evocar a figura de Nevaldo Rocha de Oliveira, o empreendedor que construiu um império a partir do nada. É à sua trajetória que dedicamos este capítulo.

Forjado no fogo: os primeiros anos de Nevaldo Rocha

Para contar a história de Nevaldo Rocha é necessário retroceder algumas décadas no tempo. Vamos adentrar o sertão potiguar, mais precisamente na cidade de Caraúbas, onde se inicia a jornada do nosso empreendedor. Nascido em 21 de julho de 1928, Nevaldo Rocha é oriundo de uma família humilde que, desde cedo, enfrentou desafios para garantir a sobrevivência.

Atualmente, o município de Caraúbas conta com aproximadamente 20 mil habitantes[6] e destaca-se como uma cidade de porte pequeno a médio nos indicadores gerais. Na década de 1920, essa localidade no interior do Rio Grande do Norte se mostrava uma urbe tranquila em meio ao pequeno estado nordestino. Castigada pelas secas do século XX, a infância de Nevaldo Rocha foi caracterizada pela pobreza e escassez, mas também pela presença de sonhos. Conforme relatado por Ângelo Magalhães Silva (2011, p. 126):

> Nevaldo Rocha nasceu no município de Caraúbas, no Alto do Linhares, na região oeste potiguar. As informações presentes nos

---

[6] Dados retirados do Instituto Brasileiro de Geografia e Estatística (IBGE). Para mais dados sobre a cidade de Caraúbas, ver: https://cidades.ibge.gov.br/brasil/rn/caraubas/pesquisa/23/27652?detalhes=true. Acesso em: 10 jul. 2023.

jornais, revistas e as obtidas por meio de entrevistas concedidas por integrantes da família e muitas fontes de dados como estas, indicam que a decisão do fundador do grupo Guararapes S.A. em residir na capital do Rio Grande do Norte resultou das fortes secas que acometeram a região oeste do estado.

A migração da família Rocha para Natal tinha, inicialmente, a sobrevivência como principal motivação. Conforme é sabido, ao longo do século XIX e boa parte do século XX, as secas representaram um fator geográfico determinante na vida de milhões de nordestinos. Embora tenha sido utilizada como instrumento político para a obtenção de verbas federais[7], é inegável que as dificuldades na agricultura agravaram a situação de famílias vulneráveis nesse período.

No entanto, ao explorarmos mais detalhes sobre a mudança de Nevaldo Rocha para Natal, torna-se evidente que os sonhos de uma criança se misturam com a realidade dos acontecimentos. Outra razão apontada para a mudança de Nevaldo Rocha para Natal envolve um possível encontro com Leonila Fernandes Gurjão, esposa de Rafael Fernandes Gurjão, governador do estado entre 1935 e 1943. Nessa ocasião, a primeira-dama teria cumprimentado a mãe de Nevaldo Rocha e prometido a ela um emprego na capital, o que teria motivado o jovem e sua família a se mudarem. Segundo relato de Geraldo Samor, do site Brazil Journal:

> Ainda jovem, embarcou num pau de arara rumo a Natal, na esperança de ser recebido pela esposa do governador, segundo Henrique Araújo, editor do site Curiozzzo, especializado na história potiguar. Segundo o site, a esperança do menino Nevaldo era embasada no fato de que sua mãe havia cumprimentado a

---

7 Não entraremos em detalhes sobre esse assunto, mas deixamos como indicação o livro *A invenção do Nordeste e outras artes*, de Durval Muniz Jr.

primeira-dama numa quermesse, "um encontro casual que na cabeça do menino se transformou em promessa quase mágica de uma nova vida"[8].

Para os leitores mais realistas, é possível inferir que essa narrativa provavelmente foi elaborada para ocultar do jovem Nevaldo as difíceis circunstâncias enfrentadas pela família. Tal conclusão não seria absurda; no entanto, é fundamental considerar o aspecto individual de Nevaldo Rocha. Ao observarmos sua trajetória, torna-se evidente que esse notável empreendedor era, de fato, um sonhador. Ao mencionarmos "sonhador" não nos referimos à ilusão ou a uma imaginação fantasiosa, mas sim ao fato de ser um idealista, alguém que se move e vive conforme ideias bem definidas. O próprio nome de suas empresas reflete isso, visto que algumas delas fazem homenagem a grandes batalhas da história da humanidade, revelando seu conhecimento sobre esses eventos e sua provável influência por eles. Dessa maneira, podemos deduzir que as histórias e acontecimentos, especialmente durante sua infância, tenham deixado uma marca profunda em Nevaldo Rocha. É possível, portanto, que o encontro na quermesse tenha realmente ocorrido, mas que a imaginação do jovem Nevaldo tenha levado a uma interpretação exagerada dos fatos.

De toda forma, seja pela perspectiva realista, seja pela idealista, os eventos permanecem inalterados: em 1939, a família Rocha se muda para Natal e, a partir desse ponto, Nevaldo é inserido em uma dinâmica completamente diferente. Nos primeiros anos na capital potiguar, o jovem é incentivado a estudar, porém não chega a concluir o ensino secundário, preferindo iniciar sua trajetória no mundo do trabalho.

---

8 SAMOR, Geraldo. MEMÓRIA: Nevaldo Rocha, que construiu do nada um império do varejo. Disponível em: https://braziljournal.com/memoria-nevaldo-rocha-que-construiu-do-nada-um-imperio-do-varejo. Acesso em: 14 jul. 2023.

Após desistir do ensino secundarista, Nevaldo Rocha inicia suas atividades na cidade de Natal, trabalhando no serviço de reparos e vendas de relógios, em uma empresa pertencente a Moisés Fernann, um dos muitos imigrantes judeus que morava na cidade neste período (SILVA, 2011, p. 127).

Novamente, deparamo-nos com um aspecto intrigante da vida de Nevaldo Rocha, pois podemos só especular sobre os motivos que o levaram a abandonar os estudos precocemente. Uma hipótese, reforçada pelos traços do empreendedor, sugere que sua saída precoce da escola estava vinculada à necessidade de contribuir com o sustento da família. Nevaldo nunca demonstrou desinteresse pelos estudos, como evidenciado pelo conhecimento histórico refletido em suas empresas, bem como por sua própria experiência no campo profissional. Portanto, é mais provável (e plausível) entender que as circunstâncias familiares o levaram à loja de Moisés Fernann, onde conseguiu seu primeiro emprego, ainda aos 12 anos de idade.

Simultaneamente ao início da trajetória profissional de Nevaldo em Natal, um outro grande acontecimento abalava o mundo: o início da Segunda Guerra Mundial. Naquele momento, o jovem ainda não tinha consciência, mas a crise entre as nações europeias, que logo se espalhou para outros países, iria alterar sua vida para sempre, bem como a da cidade em que vivia.

O trampolim da vitória: Nevaldo Rocha torna-se empreendedor

A Segunda Guerra Mundial causou devastação em todo o mundo ao longo de seis anos. De 1939 a 1945, todas as regiões do planeta foram afetadas direta ou indiretamente. O avanço das tropas alemãs pela Europa, a quebra do pacto Molotov-Ribbentrop, o ataque à base naval de Pearl Harbor e a entrada dos Estados Unidos na Guerra foram momentos-chave desse conflito e que até os dias atuais relembramos através de livros, filmes, séries e outras formas de expressão.

E o que essa sombria página da história mundial tem a ver com a vida de Nevaldo Rocha? A resposta é simples: tudo! Mas para compreendermos isso é necessário retornarmos à geografia e ao papel do Brasil na Segunda Guerra Mundial. Iniciemos pela geografia.

Geograficamente, o Rio Grande do Norte representa a região das Américas mais próxima da África. Durante a Segunda Guerra Mundial, o norte da África foi cenário de diversos conflitos, sendo uma área de extrema importância, pois era um dos principais pontos logísticos para o abastecimento das tropas aliadas[9]. Manter o controle dessa região significava assegurar a chegada de recursos essenciais para a continuidade da guerra, desde armamentos até munição e suprimentos alimentares para os soldados. Nesse cenário, o Brasil tornou-se uma peça de valor extraordinário para os Estados Unidos, pois a movimentação de suas tropas pela América do Sul era considerada favorável e mais segura.

Com o objetivo de consolidar o apoio do Brasil no front ocidental em favor dos Aliados, em 1943 ocorreu a "Conferência do Potengi", um encontro entre o presidente dos Estados Unidos, Franklin Roosevelt, e o presidente do Brasil, Getúlio Vargas. Com o acordo, os Estados Unidos passaram a investir na capital potiguar, construindo uma base aérea e trazendo milhares de soldados para treinamento e embarque. Assim, o Rio Grande do Norte assumiu o papel de "Trampolim da Vitória", como ficou conhecido durante a Segunda Guerra.

---

9 "Aliados" era o nome dado ao grupo de países que combateram o Eixo, composto por Estados Unidos, União Soviética, França e Inglaterra.

Para as elites locais, Natal, por se encontrar numa encruzilhada entre os dois mundos, havia se tornado a "principal trincheira do Atlântico" e se preparava diariamente para guerrear e enfrentar qualquer eventualidade. Acreditava-se que havia se transformado definitivamente na "porta do Brasil", onde se armaram "os trampolins da vitória transatlântica" (As Portas..., 1942, p. 1). Da capital do pequeno estado do Rio Grande do Norte, seria impulsionado o reforço que as forças aliadas careciam no outro lado do oceano. E essa atribuição naturalmente lhe reservaria ser observada pelo mundo, passando a representar mais do que um país, uma vez que partiria dela, assim como dependeria de sua posição estratégica, a defesa do Continente Americano (OLIVEIRA et al., 2012, p. 7).

A chegada maciça de americanos à cidade provocou uma verdadeira revolução em Natal. A outrora pacata capital do Rio Grande do Norte viu sua população dobrar, deixando de ser uma localidade quase desconhecida para se tornar um ponto internacional e estratégico no maior conflito do século XX. Esse rápido processo de migração impulsionou a economia local e Natal passou a acolher não só militares como também artistas, médicos e estrangeiros envolvidos, de forma direta ou indireta, no conflito.

> Durante a participação brasileira na Segunda Guerra Mundial, Natal tornou-se um centro do serviço intercontinental de entrega de suprimentos, desde motores de aeronaves até bombas, os quais eram guardados nos grandes armazéns existentes em Parnamirim; assim como ocupou o lugar de entreposto para o trânsito de autoridades, políticos e artistas da música e do cinema norte-americano para outras bases e países. A cidade fazia parte da rota mais segura do Oceano Atlântico e, por isso, era o "posto avançado do Brasil na Guerra" (OLIVEIRA et al., 2012, p. 4).

Como evidenciamos, os anos de guerra provocaram uma transformação profunda na cultura e na população de Natal. Essa afirmação não decorre apenas dos investimentos em infraestrutura realizados durante esse período, mas também do impacto humano sobre a comunidade potiguar. A chegada maciça de norte-americanos alterou significativamente o cenário cultural e os costumes locais, impulsionando a cidade a se modernizar rapidamente para atender às novas demandas de seus ilustres residentes temporários. Por consequência, o impacto dessa nova cultura também proporcionou um terreno fértil para oportunidades emergentes. É nesse contexto de efervescência urbana que Nevaldo Rocha iniciará sua trajetória empreendedora.

No ano em que os americanos efetivamente chegaram a Natal, em 1943, o jovem Nevaldo Rocha já contava com seus 16 anos de idade e há quatro trabalhava consertando e vendendo relógios na cidade. Demonstrando iniciativa própria, ele decidiu alterar a dinâmica do comércio: em vez de esperar que os novos clientes fossem até a loja de Moisés Fernann, Nevaldo foi até eles. Dedicando-se à atividade de vendedor externo, Nevaldo explorava a cidade e estabelecia conexões com os diversos habitantes da capital potiguar, em especial os estrangeiros que tinham pouca familiaridade com o local.

> Essas atividades iniciais possibilitaram a Nevaldo Rocha iniciar sua experiência de comercialista, especialmente na condição de "mascate". Esta atividade, que no Brasil marcou diversas histórias de empresários, fez o jovem caraubense vender e consertar relógios para os moradores da cidade, especialmente para oficiais e soldados norte-americanos, quando estes iam trocar dólares nas casas de câmbio em Natal, no bairro da Ribeira (SILVA, 2011, p. 127).

Do trecho apresentado, podemos extrair dois aspectos fundamentais relacionados à figura de Nevaldo Rocha. O primeiro consiste em compreender a origem de seu trabalho como "mascate", termo que remonta à Idade Média e refere-se a vendedores que percorrem residências oferecendo seus produtos. Tradicionalmente associados ao comércio local, os mascates foram uma das principais forças de trabalho urbano durante os séculos XVIII e XIX no Brasil. O início da carreira de Nevaldo Rocha como mascate revela a humildade de suas origens como empreendedor, evidenciando suas habilidades de negociação, sua capacidade de identificar boas oportunidades comerciais e, por conseguinte, a construção de relações pessoais com muitos de seus clientes.

Mas ser um comerciante local, especialmente um vendedor ambulante, não garante automaticamente as habilidades essenciais para se tornar um empreendedor bem-sucedido. O histórico de Nevaldo Rocha como mascate nos ajuda a compreender sua jornada e a perceber como, ao longo do tempo, suas habilidades foram sendo aprimoradas e o conduziram a um novo patamar. A confirmação dessas ideias surge por meio dos acontecimentos que marcaram sua trajetória.

Em 1945, após os tumultuados anos de guerra, o Sr. Moisés Fernann decide deixar Natal. Diversas razões podem ser especuladas sobre esse acontecimento, como a possível desaceleração econômica decorrente da retirada das tropas americanas, resultando na diminuição do número de clientes em sua loja – uma lógica plausível, afinal Moisés Fernann escolheu mudar-se para Recife, um polo comercial mais atrativo e repleto de oportunidades. Embora os motivos para essa decisão não sejam conhecidos, é incontestável que, mais uma vez, uma oportunidade se apresentava para Nevaldo Rocha, e o comerciante soube aproveitá-la, conforme relato de Silva (2011, p. 127):

> Outras informações indicam que com a mudança do Sr. Fernann para a cidade de Recife, em 1945, Nevaldo Rocha, de posse de uma poupança, adquire a empresa em que teria iniciado

sua experiência enquanto trabalhador. Assim, dá início às suas primeiras atividades enquanto empresário, e, dois anos após, o comerciante inaugura sua segunda unidade empresarial, especializada na atividade comercial varejista de vestuário, com a sugestiva denominação comercial de *A capital*.

É nesse momento, com apenas 18 anos, que Nevaldo Rocha dá os primeiros passos no mundo do empreendedorismo. A oportunidade de adquirir a loja do antigo patrão surgiu devido à sua capacidade de acumular capital, permitindo-lhe manter ativa a loja que já conhecia tão bem. A compra da loja de relógios por Nevaldo Rocha revelou-se um investimento promissor, pois em um curto período o jovem empreendedor conseguiu expandir as atividades e estabelecer um novo negócio em um segmento diferente, diversificando sua gama de produtos.

Aqui nos deparamos com um dilema: se a loja era tão lucrativa, qual foi o motivo que levou Moisés Fernann a vendê-la? Seria possível que, para o comerciante judeu, os lucros obtidos não justificassem o esforço necessário para mantê-la em funcionamento? Encontrar uma resposta definitiva para essa questão é algo desafiador, então focaremos nos fatos: Nevaldo Rocha transformou a loja de relógios em um empreendimento rentável a ponto de expandi-lo rapidamente, em apenas dois anos. Esse fato talvez revele muito mais sobre as habilidades empreendedoras de Nevaldo Rocha, mesmo em sua juventude e com pouca experiência, do que qualquer explicação que possamos oferecer neste capítulo.

Os resultados do árduo trabalho do jovem mascate surgiram gradualmente. Sua segunda loja, chamada A Capital, embora não apresentasse um diferencial significativo em relação aos concorrentes, elevou Nevaldo e sua família a uma posição distinta na sociedade potiguar. Silva (2011, p. 127) ressalta:

> *A capital* era uma unidade empresarial de pouca expressividade, semelhante a muitas outras pequenas empresas da época e de vários segmentos; comum num contexto de muitas outras. Embora isto pareça uma questão menor, esta empresa permitia a Nevaldo e sua família certa diferenciação social, tanto em função de sua origem, quanto entre o restrito rol de comerciantes da cidade. Muitos comerciantes eram herdeiros das tradições oligárquicas; da pujança rentista de outrora da economia agromercantil do Rio Grande do Norte; muitos oriundos deste elitismo em que as famílias se revelam pelo nome e sobrenome; forma combinada de poder simbólico que não agregava a família Rocha, mas que Nevaldo lhe apetecia o ingresso.

A variedade proporcionada pelo novo empreendimento sem dúvida abriu oportunidades para Nevaldo Rocha. Além disso, nota-se que, ao iniciar sua trajetória como empreendedor, o jovem de Caraúbas percebeu a necessidade de canalizar suas energias para um trabalho que demandava visão, comunicação e inovação, para além dos aspectos técnicos. Isso permitiu que Nevaldo fizesse gradualmente a transição do setor de relógios para o de vestuário.

Outro ponto importante que impulsionou sua trajetória empresarial foi sua capacidade de se inserir em um ambiente completamente diferente do que estava acostumado. Ao sair do anonimato para atingir a elite econômica do estado, compreendemos que a transformação de Nevaldo Rocha em um grande empreendedor foi mais uma questão de habilidades pessoais do que do contexto em que estava inserido. Sua vontade de criar e buscar novas oportunidades já não dependia mais de estímulos externos, e o verdadeiro impulso para essa transformação residia em sua motivação interna.

Dessa forma, a inclusão na classe dos "patrões", por assim dizer, não teve impacto algum em seus valores. Entrar nesse círculo era mais uma estratégia para estabelecer novos contatos do que um mero desejo pessoal. Ao interagir com outros empresários, a maioria com experiência e conhecimento técnico superiores aos seus na época, o jovem pôde adquirir conhecimento e aprender com as falhas dos outros, evitando assim cometer erros significativos.

Com o passar do tempo, Nevaldo Rocha transformou o negócio em uma empresa familiar. Inicialmente, seus irmãos Newton e Nelson Rocha contribuíram para a gestão das empresas, e essa tradição persiste até os dias atuais, com a próxima geração de filhos de Nevaldo Rocha assumindo o comando das empresas fundadas pelo empreendedor. No entanto, estamos nos adiantando.

Retornando ao universo empresarial de Nevaldo Rocha, o ramo do varejo de vestuário se revelou altamente promissor, uma vez que ele aumentou significativamente os investimentos nessa área. Uma evidência desse interesse é a expansão de suas redes comerciais, resultando na abertura de novas lojas especializadas. Entre elas, vale ressaltar a inauguração das Lojas Seta para Homens, nos anos 1950.

Em apenas uma década, Nevaldo Rocha conseguiu estabelecer filiais pelo Nordeste e gradualmente construir um império. Quase que de modo intuitivo, percebendo a necessidade de ter outras empresas para impulsionar seu complexo empresarial, Nevaldo Rocha começou a se dedicar à indústria têxtil. Essa decisão revelou-se muitíssimo acertada do ponto de vista empresarial, mostrando a habilidade de Nevaldo em envolver os familiares em mais uma empreitada na área.

Essas escolhas, contudo, não foram resultado de intuição, clarividência ou qualquer explicação sobrenatural. Na verdade, Nevaldo Rocha simplesmente aprendeu, por meio de sua própria experiência, a aprimorar os negócios. Vivenciar pessoalmente a gestão de empresas de vestuário foi o que o impulsionou para o próximo estágio: a criação das Lojas Riachuelo e da Fábrica

Guararapes. Silva (2011, p. 129) ressalta esse mesmo aspecto ao abordar o seguinte:

> Outras informações permitem inferir que é esta unidade empresarial [as Lojas Seta para Homens], protótipo da experiência comercial varejista, e [*sic*] que impulsionará a família a adquirir as Lojas Riachuelo S.A., e assim construir um canal de distribuição fundamental para a formação e dinâmica econômica posterior do grupo econômico Guararapes Confecções S.A.

Dessa forma, podemos afirmar que durante as décadas de 1940 e 1960, Nevaldo Rocha efetivamente se tornou um empreendedor de sucesso. Contudo, seu auge ainda estava por se concretizar. É nessa nova fase que o empreendedor, agora mais maduro, embarca em suas empreitadas mais significativas: a Riachuelo e a Guararapes.

Vencendo batalhas: os três grandes empreendimentos de Nevaldo Rocha

Após consolidação no setor de vestuário, Nevaldo Rocha enfrentou o desafio de elevar seus empreendimentos a um novo patamar. Como observamos, os negócios começaram de maneira modesta, à semelhança de muitos outros, operando inicialmente em nível local, em específico na capital potiguar. Contudo, ao longo dos anos, as lojas expandiram-se para outros estados do Nordeste, com destaque para as Lojas Setas para Homens, que até meados da década de 1970 eram a principal força impulsionadora dos empreendimentos de Nevaldo Rocha.

No entanto, o mesmo dilema enfrentado por Moisés Fernann também alcançou seu "pupilo" Nevaldo: permanecer ou deixar o

Rio Grande do Norte. A realidade era que o mercado potiguar, limitado pela economia modesta e pela intensa concorrência, não oferecia mais oportunidades de crescimento. Por outro lado, estados vizinhos como Ceará e Pernambuco apresentavam atrativos mais interessantes para investimentos. Com uma população mais numerosa e facilidades para investir em fábricas, esses estados revelavam-se vantajosos para o setor têxtil.

Foi buscando essas vantagens que Nevaldo Rocha decidiu se mudar para Recife e estabelecer sua fábrica têxtil, a Guararapes Confecções S.A., ainda em 1956. Embora tenha sido um passo importante para a evolução de Nevaldo Rocha como empreendedor, temos poucas informações sobre o período em que ele residiu nesse estado. Porém a mudança para Recife pode ter sido motivada por uma estratégia econômica, como mencionado anteriormente. Silva endossa essa hipótese ao observar que:

> Embora muitas informações atestem a presença da família Rocha em Recife e já na condição de pequenos fabricantes de vestuário masculino e feminino, elas não precisam com clareza os fatores mais gerais que permitiam o ingresso da família nesta atividade, nem mesmo sugerem a que ordem de determinantes conjunturais condicionou os jovens empresários a que, de modo quase que súbito, surjam pela terceira vez como empresários sediados em Recife. Uma das hipóteses a essa súbita emergência, encontra-se nas condições incipientes que marcavam a economia do Rio Grande do Norte até 1950, e posteriormente pela dinâmica assumida pelo Estado brasileiro após os anos 1960, com as políticas públicas de incentivo a atividades industriais no Nordeste brasileiro (SILVA, 2011, p. 139).

A adaptabilidade emerge como uma característica marcante em todo empreendedor. Ser capaz de observar objetivamente o contexto em que está inserido e adaptar-se às suas necessidades é o que muitas vezes possibilita o sucesso nos negócios em situações nas quais a maioria falharia. Portanto, podemos afirmar que a mudança para Recife e o início da Guararapes Confecções estão diretamente relacionados às vantagens que o estado de Pernambuco oferecia em comparação ao Rio Grande do Norte.

Apesar disso, nos anos 1970 a Guararapes transferiu as operações de Recife para Natal, impulsionada pelo avanço das políticas públicas e incentivos fiscais para a indústria, conforme destacado por Silva. Assim, ao avaliar o ambiente em que estava inserido, Nevaldo Rocha evidenciou notável capacidade de análise e flexibilidade em relação às suas empresas, tornando-as aptas a resistir às flutuações econômicas.

Para além da criação de empresas robustas, Nevaldo foi capaz, ao longo das décadas subsequentes, de estabelecer uma economia circular na qual a Guararapes Confecções fabricava as peças de vestuário comercializadas nas próprias lojas. Esse modelo de negócios assegurava uma flexibilidade maior nos preços, atraindo naturalmente mais clientes e garantindo o lucro necessário para a expansão dos empreendimentos.

A fundação da Guararapes S.A. foi um marco crucial na trajetória de Nevaldo Rocha. Mas superar as barreiras que limitavam os negócios no setor têxtil só foi possível graças a uma conjunção de fatores e à orientação estratégica que Nevaldo Rocha aplicou nos empreendimentos. O primeiro deles, como já mencionamos, foi a correta interpretação do cenário econômico do Brasil, no qual havia um impulso para investimentos na indústria e incentivos fiscais fornecidos pelo governo.

Reconhecendo que era necessário ter a capacidade de escoar a produção de uma fábrica têxtil, que produz em volume o equivalente a dezenas de lojas, Nevaldo Rocha buscou conquistar uma quantidade suficiente de lojas que justificasse a implantação da fábrica. Logo, a Guararapes S.A. não pode ser encarada como um mero devaneio empreendedor, tampouco como um golpe de sorte realizado por Nevaldo Rocha e seus irmãos. Pelo contrário, podemos perceber que a construção da fábrica têxtil foi planejada e estava alinhada com o plano de negócios do empreendedor há bastante tempo. Dessa forma, à medida que a rede de pontos comerciais se expandia, a fábrica também ganhava novo impulso para a produção.

> As investidas das políticas públicas estatais foram fundamentais para constituir o Grupo Econômico Guararapes S.A. Por outro lado, esta conformação só se efetiva após o fortalecimento da face comercial varejista advinda da aquisição das redes Lojas Riachuelo, Wolens S.A, e a criação de uma cadeia de lojas do grupo denominada de "Super G". Estas unidades comerciais se revelaram fundamentais para a consolidação e especialização varejista da empresa (SILVA, 2011, p. 142).

Conforme salientado por Silva, a força da Guararapes estava diretamente ligada às unidades comerciais adquiridas por Nevaldo Rocha durante as décadas de 1960 e 1970, proporcionando uma ampliação constante para a produção da fábrica têxtil. Entre todas as lojas, sem dúvida as Lojas Riachuelo são as mais importantes[10]. Adquiridas em 1979, as Lojas Riachuelo incorporaram ao longo da década de 1980 as demais propriedades de Nevaldo Rocha: notadamente a Wolens e as Lojas Setas. Por conseguinte, o modelo Riachuelo foi implementado nas outras unidades comerciais, consolidando uma única rede de lojas no segmento.

> A aquisição desta empresa [as lojas Riachuelo] mostrou-se, assim, fundamental, pela visibilidade e velocidade com que impôs a distribuição de mercadorias, consequentemente da estrutura produtiva de sua realização com mais intensidade de capital e progresso técnico. Como se percebe após vinte anos, a partir

---

10 Aqui utilizamos o termo "importante" considerando o critério do tempo de duração e da notoriedade, dois pontos que podem nos ajudar a perceber o valor de um empreendimento.

da primeira empresa do Sr. Nevaldo Rocha, é que as lojas Riachuelo S.A passarão a fazer parte dos negócios da família, e os possibilitará, assim, desenvolver estratégias de expansão nacional (SILVA, 2011, p. 171-2).

A ampliação da presença da Riachuelo em outras regiões ocorreu de maneira gradual, impulsionada pelo processo de expansão. Conforme ressaltado no trecho, o empreendimento de Nevaldo Rocha foi ganhando robustez ao longo do tempo, resultado do trabalho constante e incansável desse grande empreendedor. Além disso, a unificação das lojas desempenhou um papel fundamental na definição de um padrão e na adoção do modelo de expansão dos negócios.

No entanto, ao destacarmos esses aspectos uma curiosidade histórica chama a atenção e proporciona uma visão mais profunda sobre Nevaldo Rocha. As duas principais empresas de nosso "self-made man" recebem nomes de batalhas significativas da Guerra do Paraguai. É sabido que o terceiro grande empreendimento de Nevaldo Rocha, que discutiremos em breve, também recebeu o nome em homenagem a um importante conflito da Segunda Guerra Mundial, a famosa Batalha de Midway.

Existem diversos motivos que podem explicar a preferência de Nevaldo Rocha em nomear seus empreendimentos dessa maneira. Pode-se especular que, para o empreendedor, o mundo dos negócios fosse verdadeiramente um campo de batalha. Mas acreditamos que esses nomes tinham acima de tudo o papel de homenagear os feitos dos heróis de guerra, tanto do nosso país quanto dos norte-americanos, que, de certa forma, foram os primeiros grandes clientes de Nevaldo Rocha.

Ao longo da década de 1990, a Guararapes e a Riachuelo se destacaram como dois pilares fundamentais no grande front comercial. Ano após ano, os frutos de uma vida de dedicação ao trabalho eram recompensados. Entretanto, engana-se quem imagina que Nevaldo Rocha, mesmo já com seus 70 anos, estava disposto a se entregar ao comodismo.

Nos primeiros anos da década de 2000, um novo modelo comercial começava a ganhar espaço no Brasil: os shopping centers. Tendência nos Estados Unidos, esse modelo já estava presente nas grandes capitais brasileiras nos anos 1990. Em Natal, embora de forma mais discreta, um grupo empresarial já se aventurava nesse setor. Nevaldo Rocha, mais uma vez demonstrando seu perspicaz olhar empreendedor, optou por erguer seu próprio shopping e ingressar em mais uma área de negócios. Dessa forma, o Midway foi construído no coração da capital potiguar, transformando-se hoje em um dos principais pontos de referência da cidade e atraindo a circulação de milhares de pessoas.

Com uma localização privilegiada, o Midway Mall tornou-se instantaneamente um sucesso devido à sua publicidade e às vantagens que oferecia em relação aos concorrentes. Inaugurado em 2005 e considerado o maior shopping da América Latina naquela época, o Midway é uma verdadeira imponência na paisagem natalense. Com uma área de 231 mil metros quadrados distribuídos em três andares, a construção destaca-se facilmente na urbe potiguar. Além da grandiosidade, durante seus primeiros 17 anos de existência o Midway Mall adotou uma política de estacionamento gratuito, uma raridade no setor. A intenção da medida era clara: atrair as pessoas para entrar no shopping, mesmo que fosse apenas para estacionar seus carros. Com isso, o empreendimento logo ganhou destaque e superou os concorrentes em poucos meses.

Atualmente, o Midway é o principal shopping center de Natal, abrigando uma diversidade de lojas que atendem a distintos padrões e classes sociais. Devido ao considerável fluxo diário de pessoas e à sua significativa importância no comércio local, não seria surpreendente se, em algumas décadas, o edifício se tornasse um patrimônio imaterial de Natal, uma vez que está enraizado no imaginário das gerações atuais.

É importante evitar especulações sobre o futuro, pois dele nada sabemos, mas é evidente o considerável investimento realizado na construção do shopping e o retorno que ele trouxe para a família Rocha. Atualmente, a gestão deste e de outros empreendimentos está nas mãos dos herdeiros de Nevaldo Rocha, com destaque para seu filho, Flávio Rocha, que conduz o legado do maior empresário que o Rio Grande do Norte já viu.

O legado de Nevaldo Rocha

Após seis décadas desde o início do primeiro empreendimento, Nevaldo Rocha alcançou projeção nacional com seus negócios. Não por acaso, ele foi frequentemente comparado aos maiores empreendedores do país; ao contrário de alguns deles, porém, a trajetória de Nevaldo Rocha começou do zero. Ele construiu seu império a partir das próprias decisões, moldadas pelo contexto em que estava inserido. Portanto, a jornada desse grande empreendedor é um exemplo perfeito de como o ambiente e o contexto histórico-social podem influenciar nossas escolhas, mas nunca determiná-las por completo.

A tomada de decisão permanece como uma característica indelével da humanidade, independentemente da situação de cada um de nós. Sendo assim, Nevaldo Rocha surge como uma figura rara que, ao superar adversidades, não comprometeu sua integridade e manteve-se fiel ao seu propósito. Conquistou respeito não apenas de seus colegas e admiradores, mas, principalmente, de seus funcionários e subordinados. Mesmo aos quase 90 anos, ele continuava a frequentar a fábrica, um local que aprendeu a amar e que lhe proporcionou tantos frutos positivos.

Naturalmente, a idade avançada e as limitações físicas não mais permitiam que ele se dedicasse totalmente a essas atividades no final da vida. No entanto, ele nunca deixou de contemplar os negócios e buscar maneiras de aprimorá-los. Sua incessante busca pela excelência é digna de grande admiração e respeito. Talvez esse seja o maior legado que Nevaldo Rocha tenha deixado: a crença contínua no potencial humano, independentemente das circunstâncias.

Em 2020, aos 91 anos, esse notável empreendedor encerrou sua trajetória terrena. As lojas, a fortuna e até mesmo as grandiosas construções podem, eventualmente, desaparecer no curso do tempo. Contudo, seu exemplo de vida e o modo como construiu um verdadeiro império do zero são fatos que nem mesmo o tempo poderá apagar. Nevaldo Rocha se tornou um empreendedor de sucesso ao longo de sua jornada, uma personificação viva do conceito de superação. Por todos esses motivos, é justo incluí-lo no seleto grupo dos maiores empreendedores da história do Brasil.

Anexo

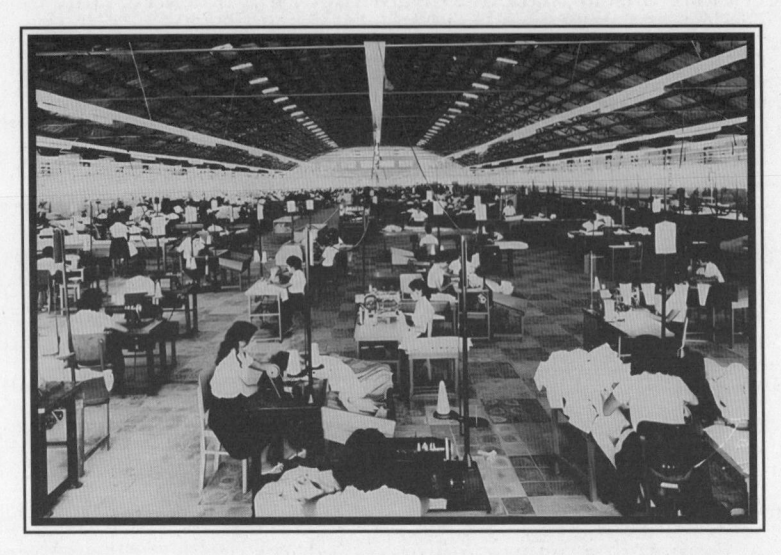

Vista interna da Confecções Guararapes.
Crédito: Fatos e Fotos de Natal Antiga por Adriano Medeiros.

Shopping Midway Mall.
Foto: Reprodução/Site Midway Mall.

Confecções Guararapes em Natal (RN),
onde hoje fica o shopping Midway Mall.
Foto: Jaeci.

Referências

A HISTÓRIA da Riachuelo e de seu fundador Nevaldo Rocha. 2020. Publicado pelo canal Passo a Passo Empreendedor. Disponível em: https://www.youtube.com/watch?v=3OXXVTSYc9c&pp=y-gUNTmV2YWxkbyByb2NoYQ%3D%3D. Acesso em: 23 maio 2024.

ALBUQUERQUE JR, Durval Muniz. *A invenção do nordeste e outras artes*. 5. ed. São Paulo: Editora Cortez, 2018.

GIDDENS, Anthony. *A constituição da sociedade*. 3. ed. São Paulo: Martins fontes, 2009.

LEITE, Maria Jorge dos Santos; AMORIM, Franciel Coelho Luz de. Convivência com a seca e políticas públicas no Nordeste brasileiro. *História Unicap*, v. 7, n. 13, 2020.

OLIVEIRA, Giovana Paiva de; FERREIRA, Angela Lúcia; SIMONINI, Yuri. Uma cidade marcada por perdas e sonhos: a Natal da Segunda Guerra Mundial. *In:* SEMINÁRIO DE HISTÓRIA, 12., 2012, Porto Alegre. *Anais* […]. Porto Alegre, 2012. Porto Alegre, 2012.

SAMOR, Geraldo. Memória: Nevaldo Rocha, que construiu do nada um império do varejo. *Brazil Journal*, 2020. Disponível em: https://braziljournal.com/memoria-nevaldo-rocha-que-construiu-do-nada-um-imperio-do-varejo. Acesso em: 23 maio 2024.

SILVA, Ângelo Magalhães. *Guararapes confecções S.A*: da empresa familiar ao grupo econômico. Tese (Doutorado em Desenvolvimento Regional, Culturas e Representações) – Programa de pós-graduação em Ciências Sociais, Universidade Federal do Rio Grande do Norte, Natal, 2011.

SMITH JUNIOR, Clyde. *Trampolim para a vitória*. Natal: EDUFRN, 1993.

SOBRINHO, Thomaz Pompeu. *A História das secas (século XX)*. Mossoró: Fundação Guimarães Duque, 1982.

SOUZA, Itamar de. *Nova história de Natal*. 2. ed. Natal: Departamento Estadual de Imprensa, 2008.

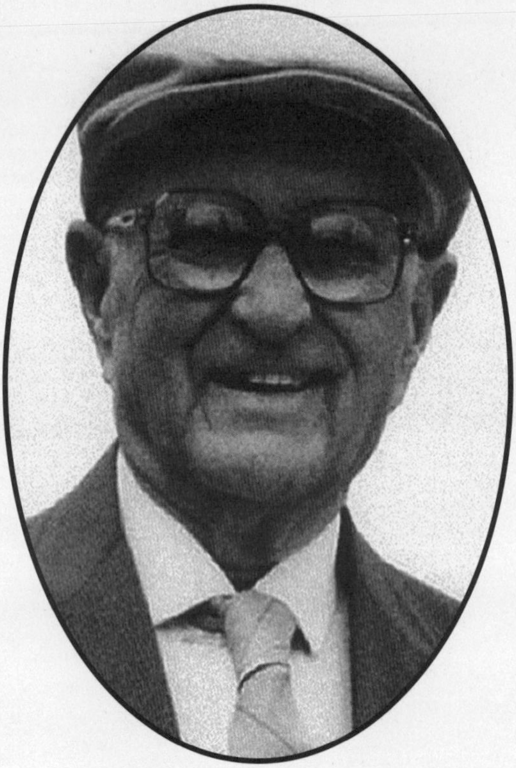

Alexandrino Garcia
—
O pioneiro das telecomunicações

Introdução

No mundo dos negócios, persiste uma constante disputa sobre qual abordagem seguir ao lançar um novo empreendimento: aprimorar o existente ou criar algo totalmente novo? É óbvio que ambos os caminhos são desafiadores, cada um com suas próprias complexidades, e não é nosso objetivo estabelecer hierarquias de valores a esse respeito. A intenção por trás desse questionamento é reconhecer que ambos os caminhos são de extrema importância para um empreendedor.

Por um lado, é fundamental investir em inovação em sua forma mais pura, isto é, criando mecanismos e lógicas de mercado que possam impulsionar o desenvolvimento social e comercial por meio de novidades. Por outro lado, também é de suma importância a manutenção de segmentos mais antigos, muitas vezes ancorados no tradicionalismo das relações comerciais.

No cenário atual, caracterizado pela rapidez das informações e mudanças em ritmo acelerado em todos os setores, desde o mundo dos negócios até as próprias interações sociais, torna-se cada vez mais imperativo distinguir entre esses dois caminhos ao buscar empreender. É fundamental perceber que, por trás de toda mudança, há a continuidade de alguns padrões. O novo, por assim dizer, sempre emerge e incorpora elementos do antigo, e o mundo do futuro, envolto em tecnologias que talvez ainda não tenhamos descoberto, sem dúvida carregará consigo grande parte do progresso que alcançamos hoje. Assim, a inovação reside na convergência desses dois domínios, separados pelo tempo, mas unidos pelas ideias que compartilham. Todo visionário deve ter consciência disso ao lançar seu empreendimento, pois a novidade às vezes representa a resposta para uma antiga preocupação social ou até mesmo humana.

É sob essa perspectiva que iniciaremos a análise da vida de um dos maiores empreendedores do Brasil, que, embora não tenha nascido em nosso país, desempenhou um papel fundamental no desenvolvimento do setor de telecomunicações aqui. Esse empreendedor, nos anos 1950, estabeleceu as bases para que hoje nós, brasileiros, possamos nos comunicar por meio de telefones, celulares, smartphones e outras tecnologias que conectam e aproximam as pessoas. Estamos nos referindo a Alexandrino Garcia, o português que aproximou o Brasil por meio da comunicação.

Um português no Brasil: a chegada da família Garcia aos trópicos

Para contar a história de Alexandrino Garcia é necessário retroceder no tempo e no espaço. Transportamo-nos, então, para Portugal no final do século XIX, onde examinaremos o contexto histórico que envolveu o empreendedor luso-brasileiro. Conforme registros históricos, Portugal enfrentou, entre as últimas décadas do século XIX e os anos 1910, um período de instabilidade política e econômica. Desde crises de abastecimento até tentativas de estabelecer a república – que só se concretizaria em 5 de outubro de 1910 –, a nação lusitana viu-se compelida a se reorganizar e buscar uma nova identidade.

Toda mudança traz consigo instabilidade, um princípio natural da lei do movimento, que se aplica tanto ao ato de caminhar quanto aos períodos históricos. A partir desse conceito, é possível compreender que a sociedade portuguesa atravessou décadas de incerteza em relação à sua nação, e como resultado natural desse cenário, a imigração tornou-se uma realidade cada vez mais presente na vida dos homens e mulheres de Portugal. De acordo com Diogo Ferreira e Paulo Dias (2016, p. 162):

Uma das principais causas para a constante instabilidade vivida foram as profundas dificuldades económico-financeiras. Durante toda a I República, apenas os governos de Afonso Costa (1913-1914) e de Álvaro de Castro (1923-1924) apresentaram valores equilibrados nas contas públicas. Extrapoladas pelo impacto da Grande Guerra, os elevados défices da balança comercial, a subida exponencial da dívida pública e o desequilíbrio das finanças motivaram uma desvalorização da moeda, altos índices de inflação, redução do poder de compra e aumento de impostos. A consequência foi um claro sentimento de traição por parte das camadas sociais mais baixas que confiaram na República para a resolução dos problemas. A I Guerra Mundial trouxe a escassez alimentar e a especulação, e o açambarcamento provocou intensos momentos de reivindicação social.

Diante desse contexto, a imigração se revelou uma escolha prudente para milhares de portugueses. Um dos destinos preferidos foi o Brasil, sua antiga colônia, que agora prosperava também sob a forma republicana. Ao mesmo tempo que Portugal enfrentava instabilidade social, o Brasil buscava incentivar a vinda de estrangeiros, especialmente europeus, como parte de uma política de eugenia[11]. Sabe-se que o Brasil também passava por transformações significativas, como a recente Abolição da Escravatura (1888) e a Proclamação da República (1889); então, no início do século XX, o país representava um atrativo para imigrantes, dada a necessidade de mão de obra e a busca ativa por europeus interessados em contribuir para a formação da incipiente sociedade brasileira. Não coincidentemente, no período de 1908 a 1920, os portugueses lideraram o grupo de imigrantes

---

11 Eugenia é um conceito científico do século XIX que se caracteriza por seu caráter racista. Ele parte do pressuposto de superioridade de etnias e foi amplamente utilizado até a primeira metade do século XX.

que ingressaram em nosso país, conforme evidenciado na tabela a seguir:

Tabela 1: Grupos de imigrantes mais importantes chegando ao Brasil (1908-1920)[12]

Portugueses	420.596
Espanhóis	221.868
Italianos	175.714

Entre os mais de 400 mil portugueses que migraram para o Brasil nesse período, encontrava-se um humilde agricultor chamado José Alves Garcia, pai de Alexandrino Garcia. Na época com 33 anos, o agricultor optou por emigrar para o Brasil a convite de seu irmão, em 1914. Em solo português, permaneceram sua esposa, Josefina da Cruz, e os quatro filhos mais velhos, incluindo Alexandrino, o primogênito da família, nascido em 1907. O jovem assumiria, na ausência do pai, a responsabilidade de auxiliar a mãe no que fosse possível. Alexandrino nasceu na pequena região de Lapa do Lobo, situada em Viseu, no centro-norte de Portugal. Naquela época, a modesta cidade não passava de uma aldeia onde predominava a vida rural. Mesmo distante das crises políticas e econômicas que assolavam o país, é perceptível que a pacata cidade também experimentava os efeitos dessas adversidades.

Em busca de uma solução para melhorar a vida de sua família, José Alves Garcia embarcou rumo ao Brasil, mas seus planos de curto prazo precisaram ser reconsiderados. A intenção inicial do agricultor era estabelecer-se nas terras brasileiras e, em seguida, trazer sua família para os trópicos. No entanto, apenas três meses após sua chegada ao Brasil, eclodiu um dos principais conflitos

---

12 Dados retirados de Barbosa (2003, p. 193).

do século XX: a Primeira Guerra Mundial. Esse conflito, que mergulhou a Europa no caos e na barbárie, impossibilitou a reunião da família Garcia, separando-os por longos cinco anos.

Foi somente em 25 de dezembro de 1919, no Natal, que ocorreu o tão aguardado reencontro da família. Essa data, que já era especial pelo nascimento de Jesus Cristo, tornou-se ainda mais significativa para os portugueses que começavam a fincar suas raízes no Brasil.

Todo recomeço é desafiador, especialmente quando estamos distantes de nossa terra natal. Para os Garcia, a vida no Brasil não se mostraria simples, mas a dedicação e a perseverança seriam recompensadas. No livro *Perfil de um pioneiro*, podemos acompanhar os primeiros passos da família Garcia por meio dos depoimentos e memórias de seus membros. Oswaldo Garcia, um dos filhos de José Alves e irmão de Alexandrino, faz o seguinte relato:

> O papai começou, então, a trabalhar como carroceiro e, posteriormente, adquiriu um pedaço de chão na antiga rua do Cajubá, hoje Princesa Isabel. Esse pedaço de chão ficava entre a Olegário Maciel e a Santos Dumont. Nossa vida começou ali. Minha mãe plantava verduras na chácara, o papai ajudava no serviço mais pesado; depois, arrumava a carroça dele e ia fazer os seus fretes, e a mamãe ficava plantando a verdura. Dali é que partiu o início da nossa vida, do nosso desenvolvimento. Começou ali (ALGAR, 2003, p. 6).

Entendemos que as experiências que vivemos orientam nossos valores e modelam nosso comportamento, sobretudo nos primeiros anos de nossa existência. É durante esse período de formação, que chamamos de infância e adolescência, que grande parte dos nossos valores são construídos. Nesse contexto, o papel da família e as relações estabelecidas nessa dinâmica desempenham um papel indiscutível. Destacamos isso porque é evidente que, tanto no caso de Alexandrino Garcia quanto no de muitos outros empreendedores, a dedicação ao trabalho desempenha um papel primordial na formação do indivíduo.

O próprio Oswaldo Garcia, ao prosseguir com seu depoimento, revela que todos os filhos acompanharam a trajetória dos pais, ou seja, que desde cedo estiveram envolvidos no mundo do trabalho. E com certeza o fizeram por necessidade dos recursos provenientes do labor, não experimentando a infância da maneira que conhecemos nos dias de hoje. Contudo, devemos reconhecer que hoje os valores, as relações sociais e a forma como percebemos diversos conceitos são significativamente diferentes do entendimento que prevalecia há 100 anos. Assim, mesmo que possamos, por um momento, sentir um certo desconforto diante da dura realidade enfrentada pela família Garcia em seus primeiros anos no Brasil, é relevante considerar que tais experiências desempenharam um papel fundamental na construção de uma sólida persistência e resiliência em relação ao trabalho e suas demandas.

Dessa forma, podemos inferir que esses percalços contribuíram para o desenvolvimento das habilidades e para o despertar de capacidades até então adormecidas em Alexandrino e seus irmãos. Dito isso, vamos adentrar um pouco mais na vida de Alexandrino e suas vivências no Brasil.

Alexandrino Garcia: de empregado a empreendedor

Alexandrino Garcia desembarcou no Brasil aos 12 anos de idade. A vida nos trópicos, até então afastada das guerras e dos problemas sociais de Portugal, apresentava tanto vantagens quanto desafios. Como estrangeiro em uma nova terra, Alexandrino e toda a sua família tiveram que recriar a própria trajetória para se adaptarem a esse novo começo.

Como primogênito, Alexandrino começou a trabalhar desde cedo para auxiliar financeiramente sua família. Sabe-se que o primeiro emprego de Alexandrino esteve relacionado à limpeza e serviços gerais. Rapidamente, ele começou a frequentar oficinas, aprendeu a dirigir e atuou como auxiliar de mecânico e motorista de caminhão. Com uma variedade de ocupações, pode-se dizer que o trabalho foi, em certo sentido, a escola de Alexandrino.

Entretanto, a visão empreendedora parece ter sido legada por seu pai, José Alves Garcia, que sempre identificava oportunidades de negócios em seu modesto comércio de fretes. Com a humilde carroça que possuía, José Garcia conseguiu criar os filhos e adquirir terras em Uberlândia, no estado de Minas Gerais, local em que as linhas da história dos Garcia começaram a ser escritas quando chegaram ao Brasil.

No entanto, o caminho rumo ao sucesso não seria fácil. Entre as décadas de 1920 e 1930, a família Garcia enfrentou desafios para sobreviver e começar a trilhar o caminho em direção à estabilidade financeira. Durante esse período, Oswaldo Garcia relata que Alexandrino trabalhou como motorista de caminhão, ferreiro e operador de uma máquina de arroz, entre outros ofícios (Algar, 2003, p. 7). Aprofundando esse tema, o depoimento de Maria Silva Garcia, esposa de Alexandrino, revela valiosas virtudes desse notável empreendedor:

> Ele trabalhou de empregado muitos anos, e fazia planos comigo. Ele tinha uma vistinha sempre alta, porque era muito trabalhador e enxergava longe, enxergava alto. Ele sempre falava: "se Deus quiser, eu não vou trabalhar de empregado a vida inteira. Hei de melhorar a minha vida". Ele foi indo, foi indo, porque de tudo aprendeu um pouco. Ele também aprendeu o ofício de mecânico [...]. Trabalhou em máquina de arroz, antes de casar e depois de casado. Ele viajou de caminhão, viajou por

Goiás afora, antes de trabalhar lá em Jataí. Pelejava de todo jeito (ALGAR, 2003, p. 15).

O depoimento de Maria Silva destaca uma característica fundamental de Alexandrino: sua determinação em empreender. Além disso, o desejo de sair da posição de empregado e tornar-se proprietário do próprio negócio aparecem claramente delineados nas palavras de Maria. Mais do que uma aspiração por uma vida melhor, também fica evidente que Alexandrino não temia o trabalho, independentemente de sua natureza, já que desempenhou diversos papéis em seus primeiros anos como empregado.

De fato, o anseio por empreender sempre esteve presente nos planos de Alexandrino. Essa disposição se evidencia em sua primeira tentativa de estabelecer um negócio, que ocorreu em parceria com seu tio. Conforme registrado no livro *Alexandrino Garcia, 100º aniversário de nascimento*, publicado pelo Grupo Algar:

> A primeira experiência empresarial de Alexandrino Garcia fracassou. Ele e o tio João montaram uma cerealista em Nova Esplanada (hoje Planura), na divisa de Minas Gerais com São Paulo. Não conseguiram bons resultados e desistiram dos negócios (ALGAR, 2007, p. 9).

A experiência negativa com seu primeiro empreendimento não intimidou Alexandrino, e é relevante abordarmos esse ponto, pois na trajetória de um empreendedor é comum enfrentar falhas, equívocos e, por conseguinte, fracassos. Fracassar não constitui um obstáculo; afinal, reconhecemos que todo empreendimento carrega consigo uma parcela de incerteza. A distinção crucial, contudo, consiste em não se contaminar pela frustração de um negócio que não prosperou ou não seguiu o curso esperado, porque o erro é parte integrante do processo, e é essencial extrair lições valiosas dessa experiência.

Apesar do empreendimento malsucedido, Alexandrino persistiu na busca por empreender. Em 1929, durante a crise econômica mundial que precipitou a Grande Depressão nos Estados Unidos nos anos 1930, ele iniciou sua jornada como cerealista na cidade de Jataí, em Goiás. Trabalhando ao lado do pai e dos irmãos, Alexandrino desempenhou o papel de operador de máquina de arroz e motorista por alguns anos, até que seu pai resolveu tornar-se sócio na produção de arroz. Esse foi o primeiro passo para os Garcia iniciarem a trajetória que transformaria a vida de toda a família, especialmente a de Alexandrino.

De 1933 a 1940, Alexandrino Garcia dedicou-se ao ramo de cereais. Atuando como cerealista, envolveu-se em diversas áreas, desde a logística de transporte do arroz até a manutenção das máquinas. No entanto, apesar de seus consideráveis esforços, esse setor parecia oferecer retornos limitados ao jovem empreendedor.

Trabalhando ao lado dele estava seu irmão mais novo, Agenor, o primeiro membro da família a nascer em solo brasileiro. Foi graças ao esforço conjunto da família que o empreendimento, embora com dificuldades, pode ser considerado um sucesso. Aqui, "sucesso" refere-se à capacidade da empresa de se manter e gerar lucro, proporcionando os primeiros avanços significativos de Alexandrino no mundo dos negócios. Isso é corroborado pelo testemunho de Luiz Alberto Garcia:

> O primeiro empreendimento que a família teve foi a máquina de beneficiar arroz. Uberlândia era um polo arrozeiro do sudoeste goiano e do triângulo mineiro. A máquina chamou-se inicialmente José Alves Garcia & filhos, depois Alexandrino Garcia & irmãos. Era só atravessar a rua e o meu pai entrava dentro de casa. Havia uma interação muito grande entre a gente nos negócios do pai (ALGAR, 2003, p. 14).

A relação entre a família Garcia e o trabalho, como observamos, segue uma linha tênue na qual ambas se entrelaçam. E isso não é uma característica distintiva apenas de Alexandrino, pois ele não foi o primeiro nem será o último empreendedor a construir seus negócios com a participação de outros membros familiares. O que merece destaque aqui é perceber como o trabalho estava intrinsecamente ligado à vida de Alexandrino, a ponto de os espaços nos quais ele atuava se misturarem devido à proximidade. O trecho também ressalta a importância do negócio do arroz na região, o que é comprovado pelo sucesso do empreendimento.

No mesmo depoimento, Luiz Alberto relata que durante o auge do cultivo de arroz na região de Uberlândia aproximadamente 300 máquinas eram operadas por diversos investidores. A forte concorrência pode ter sido o motivo pelo qual, em 1941, Alexandrino e seu irmão Agenor decidiram mudar de empreendimento e expandir seus horizontes. É precisamente nesse período, durante a Segunda Guerra Mundial (1939-1945), que os irmãos adquirem um posto de gasolina, conforme descrito no livro *Alexandrino Garcia, 100º aniversário de nascimento*:

> Foi Agenor quem convenceu Alexandrino de que a máquina de arroz dava mais trabalho do que lucro e o estimulou a comprar um posto de gasolina praticamente abandonado na esquina da rua Afonso Pena com a rua Tenente Virmondes, em Uberlândia. Tratava-se de um pequeno posto de serviços, com um estoque de combustíveis e lubrificantes e uma seção de peças. Com o desenvolvimento deste negócio, Alexandrino comprou as mercadorias de um outro posto também desativado. Alexandrino passou a dedicar todo seu tempo ao Posto Avenida e deixou a máquina de arroz com o fiel Elpídio (ALGAR, 2007, p. 12-3).

O novo empreendimento cresceu de forma notável. Entre 1941 e 1944, Alexandrino e seus familiares conseguiram expandir para outros postos de gasolina, vender caminhões e multiplicar o investimento inicial, demonstrando um aguçado senso de negócios. Sua experiência como mecânico e motorista de caminhão sem dúvida desempenhou um papel fundamental no sucesso desse empreendimento. As vivências anteriores como funcionário proporcionaram um entendimento detalhado do dia a dia, dos ajustes necessários e um conhecimento singular dentro de seu setor. Dessa forma, Alexandrino começou a trilhar com passos firmes o caminho para se tornar um dos principais empreendedores do Brasil.

Enquanto dedicava sua energia ao crescimento de suas operações, outro aspecto se destaca quando exploramos sua trajetória. Alexandrino não se limitava a ser apenas um empreendedor no sentido estritamente econômico; também se interessava profundamente pelas questões sociais e pelo papel que desempenhava fora das empresas. Reconhecendo que a vida empresarial deve estar integrada à vida social e aos debates relevantes, ao longo de sua carreira, especialmente entre os anos 1933 e 1944, Alexandrino participou ativamente de associações comerciais e outras iniciativas que buscavam influenciar a esfera política e representar os interesses dos empresários enquanto classe social. Em sua biografia, esse aspecto se destaca:

> Tão logo iniciou suas atividades empresariais aproximou-se da Associação Comercial, Industrial e Agropecuária de Uberlândia. Tornou-se sócio efetivo e numa de suas primeiras diretorias, sob a presidência de Angelino Pavan (1937 - 1938), fez parte do conselho consultivo da entidade. Na administração de João Modesto de Sá (1942 - 1943) foi segundo-tesoureiro e nas de José dos Santos (1957 - 1953), primeiro vice-presidente. Alexandrino foi eleito presidente para duas gestões consecutivas, de 1953 a 1955 (ALGAR, 2007, p. 15).

É importante observar que participar da Associação Comercial, Industrial e Agropecuária de Uberlândia representava um passo significativo no caminho para exercer um papel político em relação aos interesses empresariais; e não só isso: também oferecia uma oportunidade para conhecer outros empreendedores e seus negócios. Ademais, proporcionava uma compreensão mais profunda dos dilemas enfrentados por essas pessoas e possibilitava uma experiência indireta com casos semelhantes. Ao mesmo tempo, liderar a associação em determinadas ocasiões permitiu a Alexandrino identificar as necessidades de sua localidade diante dos desafios emergentes em nosso país.

Cumpre recordar que durante a Era Vargas (1930-1945) até o fim do governo de JK (1956-1960) o Brasil testemunhou diversos períodos de crescimento econômico. Destacam-se, por exemplo, a criação das primeiras indústrias estatais, como a CSN (1941), o estabelecimento da Petrobras (1953) e a implementação do Plano Salte, no governo Dutra (1946-1950). Além disso, não podemos esquecer do icônico slogan do presidente Juscelino Kubitschek, com seu plano de crescimento "50 anos em 5". É notório que, ao longo dessas décadas, um dos principais objetivos do país era efetivamente construir as bases de uma economia nacional sólida e menos dependente do exterior.

No entanto, um dos principais desafios residia na questão de como disseminar e estender todo esse progresso por um país de dimensões continentais. Seria necessário um esforço monumental para garantir que, ao longo das décadas, essa nova realidade econômica fosse cultivada e pudesse alcançar os lugares mais remotos do Brasil. Na região em que Alexandrino Garcia estava situado, o Triângulo Mineiro, as dificuldades enfrentadas eram igualmente evidentes e o cenário de progresso se contrastava com as limitações e o difícil acesso. Fernando Fernandes Oliveira observa que o exame das mudanças anunciadas à formação socioespacial do Triângulo Mineiro como condição material precípua ao "metabolismo" das atividades ali emergentes precedeu o delineamento das ações microeconômicas deflagradas por Alexandrino Garcia e família. No entanto, a insuficiência das infraestruturas instaladas na aurora do século XX prenunciaram a reversão das expectativas suscitadas à economia triangulina. No contexto dos esforços voltados ao melhoramento dos sistemas técnico-reticulares, ocorreu um profundo reordenamento organizacional das funções encampadas por Alexandrino Garcia, que viu, na operação e na expansão das redes de telefonia, uma oportunidade exponencial para o alargamento das suas atividades econômicas (OLIVEIRA, 2021, p. 127).

É exatamente nesse contexto que Alexandrino Garcia consegue ampliar ainda mais sua presença no mundo empresarial. Em 1954, enquanto atuava como presidente da Associação Comercial, Industrial e Agropecuária de Uberlândia, o empresário, juntamente com outros associados, adquire uma empresa de telefonia responsável pelo desenvolvimento das telecomunicações na região mineira. A empresa, conhecida como Teixeirinha, tinha como objetivo instalar 2 mil telefones em toda a região de Minas Gerais. Contudo, devido a questões econômicas, a empresa não conseguiu cumprir o compromisso. Com a colaboração da associação, uma nova companhia foi criada, a Companhia de Telecomunicações do Brasil Central (CTBC), que adquiriu a empresa Teixeirinha em janeiro de 1954.

A CTBC foi criada com o intuito de expandir a infraestrutura de telecomunicações na região mineira. Contudo, nos primeiros anos a diretoria estava descentralizada e não havia oficialmente um presidente que direcionasse de maneira clara os negócios. Somente em 1955, após deixar a presidência da associação, Alexandrino pôde dedicar seu tempo e energia ao crescimento da CTBC.

Ao assumir o cargo, o empreendedor português tinha 48 anos e já estava trabalhando desde os 12 anos de idade. Nesse estágio de sua vida, seus empreendimentos já eram sólidos e sua carreira estava marcada pelo sucesso. A família Garcia não era mais a de simples imigrantes, tinham agora um nome estabelecido em Uberlândia. Iniciar um novo empreendimento talvez não estivesse nos planos de Alexandrino, porém, sem dúvida, foi a CTBC, hoje a Algar, que o levou a uma nova esfera no mundo dos negócios, consolidando-o como um dos maiores da história do Brasil, conforme destacado em sua biografia.

> A criação da CTBC representou uma mudança profunda na vida de Alexandrino. Ele pretendia aposentar-se após deixar a Associação Comercial. Era um empresário bem-sucedido, estava em boa situação econômica e financeira. Tinha posses, tinha renda e queria aproveitar dos anos de trabalho. Mas aconteceu tudo ao contrário. Com a nova empresa, que o entusiasmava pela novidade e pelo desafio, Alexandrino encontrou mais um caminho para a sua vida (ALGAR, 2007, p. 27).

Esse trecho evidencia como os desafios são um impulso motivador. Um empreendedor tem como uma de suas características principais a busca por inovação e por superar obstáculos, o que, por sua vez, o leva a constantemente explorar novas oportunidades de negócios. Isso não implica que um empreendedor deva lançar novas empresas, produtos ou serviços o tempo todo, mas sim que ele deve estar atento para identificar as oportunidades de crescimento e se lançar ao mar do empreendedorismo quando necessário. Esse é exatamente o caso de Alexandrino.

Além desse aspecto, surge outro ponto muitas vezes abordado de maneira superficial no senso comum: a ideia de que o empreendedor busca apenas o lucro. Vivemos em uma sociedade capitalista em que a obtenção de recursos é essencial para nossa qualidade de vida; logo, a busca por aumentar os ganhos é considerada natural e saudável. No entanto, sugerir que o empreendedor é essencialmente um capitalista, cuja única motivação ao abrir novos negócios é o lucro, acaba distorcendo a visão original e as qualidades daqueles que têm o desejo de empreender.

No caso de Alexandrino Garcia, percebe-se que sua iniciativa não era impulsionada apenas pelo dinheiro, considerando que sua vida já estava confortavelmente estabelecida. Iniciar uma nova empresa representava, naquele momento, assumir o risco de perder parte do que já havia conquistado, desafiando a visão restrita da relação entre lucro e empreendedorismo. Portanto, as motivações de Alexandrino talvez não estivessem primordialmente ligadas aos ganhos financeiros, mas sim à convicção de fornecer mais um serviço essencial para o desenvolvimento de sua região, além de assegurar que a empresa estivesse sob uma liderança mais assertiva. Agora, vamos explorar um pouco mais sobre a CTBC e os passos sob a direção de Alexandrino Garcia.

Alexandrino e a CTBC[13]

Conforme observamos, o Triângulo Mineiro passou por significativas transformações entre 1930 e 1950. No entanto, apesar dos avanços, a região carece de infraestrutura para expandir seus mercados. A área de telecomunicações destacava-se como uma das principais deficiências, mas não era a única. A falta de estradas para outras localidades e a disponibilidade de eletricidade, por exemplo, foram problemas que só começaram a ser abordados de maneira mais substancial na década de 1950.

---

13 A Companhia de Telecomunicações do Brasil Central (CTBC) tornou-se Algar em 2014. Neste capítulo, porém, usamos o nome original da empresa, como era conhecida por Alexandrino Garcia, que faleceu em 1993.

Portanto, a CTBC surgiu com um propósito importante no contexto mineiro. Como presidente da empresa, o papel de Alexandrino era assegurar que os avanços na área de telecomunicações se desenvolvessem de maneira eficaz. Em relação a esses aspectos, podemos identificar pontos-chave que contribuíram para o crescimento da CTBC no cenário mineiro, conforme destacado por Oliveira (2021, p. 128):

> No ensejo das expectativas geradas pelo investimento estatal, da indiferença das grandes telefônicas para com o vasto interior, a CTBC arvoreceu sobre o Triângulo Mineiro/Alto Paranaíba, no período que estende do fim dos anos 1950 até meados da década de 1970.

Nesse ponto, podemos observar a atuação da CTBC diante da necessidade tanto da região mineira quanto, em escala nacional, de todo o país. Além disso, destacamos outra característica marcante comum aos grandes empreendedores: a habilidade de identificar oportunidades. Ao perceber o vácuo nesse setor, a CTBC prontamente ocupou um espaço que, em resumo, havia sido negligenciado por outras empresas até então – seja pela falta de alcance para atuar em áreas remotas, seja pelo próprio desinteresse. O fato é que, onde muitos viam desafios e obstáculos, Alexandrino viu oportunidades e prosperou.

A colaboração entre diferentes setores da sociedade foi crucial para a expansão do acesso à comunicação. A CTBC, em sintonia com esse objetivo, encontrou em figuras públicas e privadas o apoio necessário para levar seus projetos adiante. Esse período foi marcado por um desenvolvimento significativo da infraestrutura de telecomunicações em Minas Gerais, impulsionando o crescimento econômico e social do estado.

A parceria mostrou-se eficaz, a ponto de permitir que a CTBC permanecesse como uma empresa privada mesmo após a estatização da área de telecomunicações, na década de 1970. Com a criação do Sistema Telebras (STB), o governo assumiu o controle da transmissão de rádio e TV, incorporando outras empresas ao sistema como emissoras e difusoras. No entanto, a CTBC, devido à sua influência e presença forte no interior do Brasil, conseguiu manter-se como uma prestadora de serviços ao governo. Isso se deveu, em grande parte, à influência política de Alexandrino Garcia, que, após décadas de relacionamento com o Estado, demonstrou que sua empresa era sólida e fornecia serviços de alta qualidade à população. Do ponto de vista do governo, era, até certa medida, vantajoso contar com uma empresa como a CTBC.

É importante destacar que, em 1975, a CTBC já estava estabelecida havia mais de duas décadas, tempo que lhe permitiu construir bases sólidas em seu segmento. Portanto, podemos afirmar que os primeiros 20 anos da Companhia de Telecomunicações do Brasil Central foram marcados pela consolidação na região, pela expansão das telecomunicações pelo interior do Brasil e pelo estabelecimento como uma das principais empresas do setor.

Entretanto, após essa fase inicial, surgiu a necessidade de um novo impulso para alcançar novos horizontes. É com esse objetivo que, entre o final dos anos 1970 e o final da década de 1980, é lançado o grupo ABC, conforme mencionado por Oliveira (2021, p. 130):

> O projeto desenvolvimentista dos militares significou, no obscuro campo das relações orientadas pelo poder, notória oportunidade para a abertura de novas frentes funcionais. Ante tal realidade, a coerência estratégica dos esforços de diversificação perseguiu usufruir das vantagens entregues pela forma de intervenção dos governos, sobretudo no que pertence aos distantes segmentos da agroindústria e da produção de equipamentos em eletrônica e teleinformática.

Em um cenário de transformações no setor de telecomunicações, Alexandrino demonstrou visão estratégica ao identificar oportunidades de crescimento e expansão para a CTBC, sempre atuando em conformidade com as leis e regulamentações do setor.

Ao longo da década de 1980, o grupo ABC expandiu seus negócios para diversos setores da economia. Desde a agropecuária até a editoração de listas telefônicas, o grupo ABC estava presente em diversos segmentos. Na prática, essa diversificação e expansão para outros setores transformaram o grupo ABC em um verdadeiro gigante no cenário nacional, como destacado por Oliveira (2021, p. 132):

> Em 1980, o Grupo ABC obteve uma receita operacional líquida de US$ 87 milhões, momento em que as operações empregavam um contingente laboral expressivo, com 3.479 trabalhadores. No final dessa década, a receita líquida da corporação alcançara os US$ 339,1 milhões, de modo que o quadro de funcionários totalizou 13.090; expansão da ordem de 290% e 276%, respectivamente.

O rápido crescimento em apenas uma década na receita e na força de trabalho da empresa é impressionante. Esses dados evidenciam a habilidade quase singular de Alexandrino em administrar seus negócios e adaptá-los conforme as mudanças na economia nacional. É claro que, para alcançar esse nível de sucesso, o empreendedor contou com sua vasta experiência. Não podemos ignorar que, nesse estágio de sua vida, Alexandrino já tinha quase 80 anos! Considerando que começou a trabalhar aos 12, são mais de seis décadas dedicadas aos mais diversos setores e experiências, passando de um simples funcionário a um grande gestor.

É claro que, com a idade avançada, Alexandrino não estava mais tão envolvido no trabalho árduo, mas mantinha o objetivo de estar atualizado e direcionar suas empresas. Seu amor pelo trabalho perdurou praticamente até seus últimos dias, quando um grave problema de saúde o forçou a se afastar dos negócios nos momentos finais de sua vida.

O legado de Alexandrino Garcia

O sucesso da CTBC é resultado de uma combinação de fatores, como a visão empresarial de seus líderes, o investimento em tecnologia e inovação, a busca constante pela excelência operacional e o compromisso em servir a comunidade, consolidando a empresa como referência no setor. Segundo Luiz Márcio Ottoni:

> A primeira coisa que Alexandrino Garcia falava era da importância das cidades: Cidades de 50 aparelhos, de 10 ou de 20 tinham a mesma importância que uma cidade maior, como Uberlândia. Ele tinha isso presente, via com os mesmos olhos uma localidade maior ou uma menor. Ele tinha isso como missão: levar a comunicação, principalmente nesses municípios menos assistidos. E mesmo que isso não gerasse renda suficiente, ele tinha o seguinte pensamento: as cidades maiores cobririam a defasagem ou a demora do retorno do investimento (ALGAR, 2003, p. 65).

O espírito empreendedor que permeou a trajetória de Alexandrino deixou uma marca no sucesso de seus negócios e na formação daqueles que tiveram a oportunidade de conviver com esse grande empresário. Sua busca por auxiliar os outros, mesmo que isso implicasse sacrificar o lucro, é quase inimaginável dentro da visão estereotipada dos empreendedores. Muitas vezes, esses indivíduos são retratados como pessoas ávidas pelo lucro a qualquer custo, e ações altruístas como a descrita no depoimento anterior podem surpreender. Mas Alexandrino não foi o primeiro (e certamente não será o último) empreendedor a se dedicar sinceramente a ajudar o próximo, demonstrando seus mais elevados valores éticos.

Essa postura singela, simples, humilde e, sobretudo, honrada é um atributo inabalável, destacado por todos que tiveram o privilégio de conhecer Alexandrino e compartilhar sua história por meio de depoimentos, relatos e memórias. Para concluir, é relevante considerar as palavras de Alexandrino sobre sua visão para o futuro do Brasil e seu verdadeiro desejo para as empresas do grupo:

> Sonho que o grupo continue trabalhando como vem até agora, levando tudo para frente. O Brasil precisa que todo mundo trabalhe e produza para levar a vida tranquila. Eu tenho um sonho de ver o Brasil em primeiro lugar, lá em cima, ser o primeiro do Universo, emparelhar com os Estados Unidos ou passar a frente. No século 21 o Brasil deve estar numa colocação lá em cima, entre os três primeiros. [...] O Brasil tem tudo para crescer, para viver, tem terras para alimento, tem mineração. O Brasil tem tamanho, os outros países estão bem mais sacrificados, esfolados, cansados (ALGAR, 2007, p. 131).

Com esperança no coração e na mente, Alexandrino Garcia partiu deste mundo em 24 de outubro de 1993, após enfrentar um terrível derrame cerebral que o deixou inválido por cinco anos. Mesmo diante dessas circunstâncias, seu legado continua vivo entre todos que compartilham a crença no maior empreendimento que podemos almejar: um futuro melhor e mais próspero para todos nós.

Anexo

Alexandrino Garcia e sua esposa, Maria Silva Garcia, no dia do casamento.
Disponível em: https://memoriaalgar.com.br/o-fundador.
Acesso em: 23 maio 2024.

Ficha telefônica da CTBC.

Walter Garcia, Alexandrino Garcia, Renato de Freitas
e Luiz Alberto Garcia na inauguração do sistema de
micro-ondas na CTBC, em Uberlândia-MG, 1967.
Disponível em: https://memoriaalgar.com.
br/1960-1969. Acesso em: 23 maio 2024.

Telefone público da CTBC, anos 1980. Disponível em: https://memoriaalgar.com.br/1980-1989. Acesso em: 23 maio 2024.

Referências

ALGAR. *Alexandrino Garcia:* perfil de um pioneiro. São Paulo: [*s. n.*], 2003.

ALGAR. *Alexandrino Garcia, 100º aniversário de nascimento:* memórias, ideias e ideais. Minas Gerais: [*s. n.*], 2007.

ALGAR. Disponível em: https://www.algar.com.br. Acesso em: ago. 2023.

BARBOSA, Rosana. Um panorama histórico da imigração portuguesa para o Brasil. *Arquipélago*. [*S. l.*], v. 7, n. 2, 2003. História, p. 173-196.

FERREIRA, Diogo; DIAS, Paulo. *História de Portugal*. Lisboa: Verso de Kapa, 2016.

KRAKAUER, Patricia Viveiros de Castro; BARBOSA, Jaércio Alex Silva; KNOP, Rita de Cácia Rodrigues de Oliveira. Rede de negócios em empresas de telecomunicações: o caso Algar Telecom. *Revista Ibero-Americana de Estratégia*. [*S. l.*], v. 14, n. 1, p. 76-89, 2015.

LOBATO, Telma. *Talentos humanos:* o jeito de ser do Grupo Algar. Monografia apresentada na Universidade Cândido Mendes, Rio de Janeiro, 2010.

MELO, Hildete Pereira de; MARQUES, Teresa Cristina de Novaes. Imigrantes portugueses no Brasil a partir dos recenseamentos populacionais do século XX: um estudo exploratório de gênero. *Gênero*, Niterói, v. 9, n. 1, p. 69-88, 2008.

OLIVEIRA, Fernando Fernandes de. Trajetória espaço-temporal de uma corporação em rede: a evolução multifuncional do Grupo Algar. *Ateliê Geográfico*, Goiânia, v. 15, n. 1, p. 122-147, 2021.

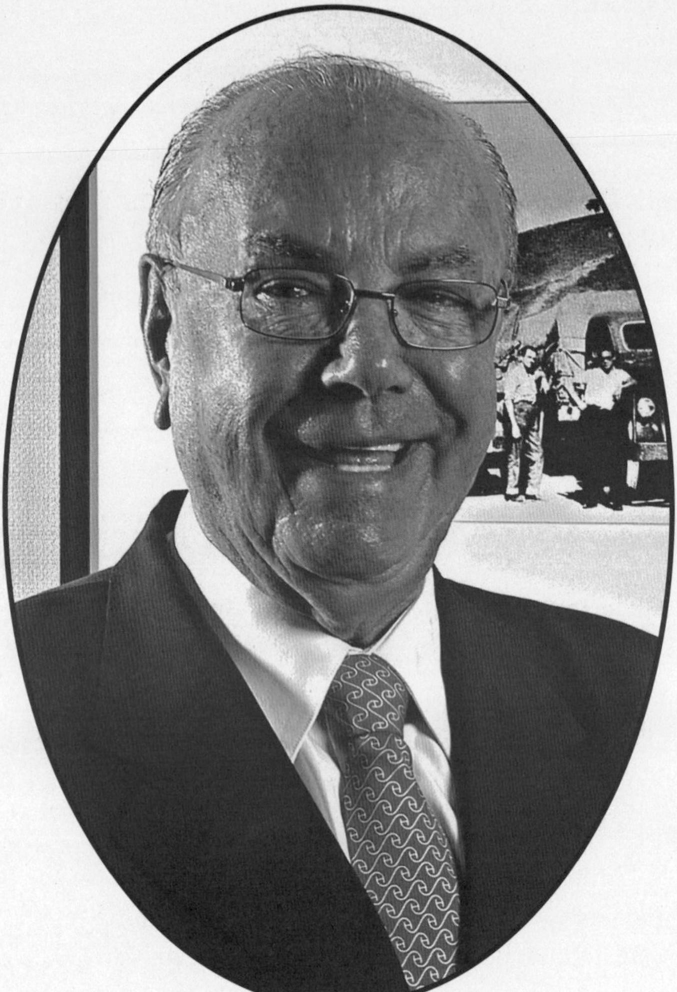

Julio Simões

—

O empreendedor que transportou sonhos

Introdução

Diz-se que empreender é, em grande parte, estabelecer conexões. A vida humana, de forma geral, pode ser resumida a isso, já que somos seres sociais e dependemos uns dos outros para sobreviver. Assim como não podemos viver isolados, é extremamente desafiador empreender sozinho, pois mesmo que tenhamos ideias brilhantes e sejamos excelentes executores, em algum momento precisaremos de ajuda.

Na era moderna, utilizamos o termo "network" para descrever a rede de conexões que estabelecemos, e quanto mais contatos temos, maiores são as chances de fecharmos negócios. A network assegura que estejamos conectados a essa rede invisível de relacionamentos que abrange a todos. No entanto, fazer parte de uma rede de relações é diferente de criar laços significativos, e compreender essa distinção é particularmente importante para avançar no caminho do sucesso em nossos empreendimentos.

Ter conexões é algo bastante comum, e no ambiente de trabalho isso ocorre de várias maneiras, desde simples interações entre colegas compartilhando o mesmo espaço até a formação de uma hierarquia claramente definida dentro de uma empresa. As relações de trabalho estão sempre se desenvolvendo e conectando pessoas. No entanto, para estabelecer laços verdadeiros é necessário mais do que simples conexões. O elo que une a todos e os mantém unidos deve ser orientado pela busca constante de extrair o melhor de cada indivíduo dentro do ambiente profissional.

Um empreendedor de sucesso busca alcançar esse ponto de convergência. É assim que, em resumo, ele transforma o mundo. Não menosprezamos aqui a importância da técnica, da gestão, da inovação nos processos e de todos os elementos que garantem o funcionamento de um empreendimento, mas é essencial que não percamos de vista o aspecto humano que impulsiona todas essas operações. Por isso, ressalta-se o valor da construção de vínculos invisíveis entre empreendedores, colaboradores e todos os elementos que constituem a vida de uma empresa.

Quando se trata de construir laços, não há nome mais inspirador do que Julio Simões. Esse empreendedor, originário de Portugal, veio ao Brasil para realizar seu sonho e demonstrou que não estava transportando apenas produtos, mas os sonhos de milhares de pessoas. Vamos explorar um pouco mais sobre sua vida, suas virtudes e como a união fez toda a diferença em seu modo de existir.

Os primeiros anos: a vida em Portugal

A trajetória de Julio Simões tem início de maneira semelhante à de outros imigrantes portugueses da primeira metade do século XX. Assim como observado no caso de Alexandrino Garcia[14], Portugal enfrentou períodos de forte instabilidade política e econômica, o que resultou em uma grande onda de imigração. Apesar da aparente estabilidade no início do governo de Salazar, Portugal foi afetado não apenas por seus problemas internos, mas também pelas duas grandes guerras que assolaram a Europa. Embora tenha declarado neutralidade no conflito, os custos da guerra tiveram impactos diretos na economia portuguesa.

Assim, compreendemos que os conflitos internos, as instabilidades econômicas e os eventos externos, como as duas guerras mundiais, motivaram os portugueses a optarem pela imigração em diferentes momentos. E foi nesse contexto turbulento que Julio Simões nasceu, em 3 de fevereiro de 1928, na pequena região de Ansião, especificamente em Ribeira de Alcalamouque. Julio

---

14 Sobre a imigração portuguesa, ver o quarto capítulo deste livro, quando tratamos de Alexandrino Garcia.

foi o terceiro filho do casal Antônio Simões e Laurinda Aurora, ambos de origem humilde, que viviam da agricultura na pequena localidade no centro-oeste de Portugal.

Até hoje, a região de Ansião permanece uma das menos densamente povoadas de Portugal, com aproximadamente 13 mil habitantes[15]. No início do século passado, os pais de Julio Simões levavam uma vida estritamente ligada à agricultura. Antônio Simões trabalhou como caseiro no sítio onde a família residia, desempenhando essa função por 45 anos. Apesar dos recursos limitados, a família Simões conseguiu criar os filhos, embora haja poucas informações disponíveis sobre esse período da vida de Julio Simões. Segundo o Centro de Memória e Cultura Julio Simões:

> Julio era feliz com a vida que levava. A casa dos Simões era recheada de respeito e amor. Ele ficava ainda mais feliz quando ouvia o barulho de caminhão na estrada e pensava: Algum dia, ainda vou dirigir um desses (CENTRO..., 2012, p. 6).

Esse breve trecho nos revela algo fundamental na formação de Julio Simões: seus valores. Mesmo diante de recursos materiais limitados, a construção de valores sólidos desempenha um papel crucial no desenvolvimento humano. Mais do que meras palavras, tais valores são moldados por meio de exemplos, e é altamente provável que, ao longo da infância de Julio, eles tenham sido internalizados, contribuindo para a formação de seu caráter. Essa observação se confirma ao analisarmos sua trajetória, pois, como veremos, esses mesmos valores são evidenciados em sua conduta profissional e em seus empreendimentos.

Julio Simões ingressou naturalmente no mundo do trabalho. No espaço familiar, buscava sempre ajudar os pais, e assim foi

---

15 Informação retirada de: https://www.cm-ansiao.pt/PT/concelho-dados-estatisticos. Acesso em: 8 set. 2023.

gradualmente aprendendo o valor do trabalho árduo. Aos 12 anos, iniciou com tarefas simples, como varrer a casa, buscar água e limpar escadas. Observando de perto a rotina do pai, que gerenciava a casa e a fazenda onde viviam, Julio começou a assumir novas responsabilidades. Aos 16 anos, já trabalhava no mesmo ritmo que os adultos e nunca demonstrou preguiça em relação ao trabalho.

Os primeiros anos de trabalho no campo sem dúvida contribuíram significativamente para sua formação. Julio teve acesso limitado à educação formal, devido às condições familiares e à necessidade de começar a trabalhar desde cedo. No entanto, a escola da vida, sempre rica em lições para aqueles dispostos a aprender, foi de grande valia para ele. Apesar da vida no campo, seus sonhos o transportavam para lugares distantes, muito além da realidade rural em que vivia. Diante disso, enfrentava um dilema: seguir seus sonhos ou permanecer ajudando sua família. Essa decisão, muitas vezes árdua, tornava-se ainda mais difícil de ser tomada devido aos laços poderosos e verdadeiros que havia estabelecido com sua família.

O início do desejo de Julio Simões por uma vida diferente ocorreu após precisar se alistar no exército, em 1946, aos 18 anos. Embora a Segunda Guerra Mundial (1939-1945) já tivesse terminado, o temor de novos conflitos ainda pairava no ar. Entretanto, a decisão de seguir a carreira militar foi temporária, pois, além de não se ver como um soldado nas trincheiras, ele tinha outros planos e aspirações. Ingressar no exército, nesse momento, representava uma busca por mudança e também um dever cívico.

De fato, o caminho de Julio Simões não estava destinado ao combate físico; as batalhas que ele travaria seriam de outro tipo, em territórios diferentes, em outro continente, em outro país. Julio queria deixar Portugal, que ainda lutava para se recuperar das dificuldades. Foi assim que, em 1952, com a aprovação de seus pais, tomou a decisão de vir para o Brasil. De acordo com o Centro de Memória e Cultura Julio Simões, essas foram as palavras de sua mãe, Laurinda:

> Meu filho, tu tens que ir em busca dos seus sonhos. Por mais dolorido que seja, não há futuro promissor nestas terras. Vai Julio vai, segue o teu caminho, peço que tomes cuidado. Não faça nada daquilo que algum dia poderá lhe causar arrependimento. Vou pedir a Deus para você ser muito feliz. Vai que essa pode ser a tua sorte (CENTRO..., 2012, p. 7).

As palavras de Laurinda Aurora são assertivas, e, como uma mãe que busca sempre o melhor para seu filho, ela aconselhou-o a tomar a decisão de deixar Portugal. O destino escolhido foi o Brasil, um país familiar para os portugueses que décadas antes também almejavam um novo começo. Abençoado por seus pais e levando consigo os sonhos de uma vida melhor, Julio Simões partiu para a jornada mais significativa de sua vida, mesmo que naquele momento não soubesse disso. Em 1952, o jovem português colocou os pés nos trópicos – o Brasil estava à sua espera!

Brasil: novo país, novos objetivos, novos sonhos

Chegar ao Brasil marcou o início de um novo capítulo em sua vida. No entanto, em nossas jornadas, raramente caminhamos sozinhos; cada novo começo traz consigo a bagagem de experiências vividas e os vínculos estabelecidos ao longo do percurso. No caso de Julio, sua decisão de vir para o Brasil foi resultado do convite de um tio que já residia havia algum tempo nas terras brasileiras. Além disso, o fato de sua irmã também ter migrado para o Brasil serviu como mais um incentivo, proporcionando-lhe um ponto de apoio e familiaridade nesse novo ambiente.

No dia 7 de fevereiro de 1952, embarcou no Gênova, navio italiano misto, de passageiros e cargas. Dezoito dias depois, o navio aportou no Brasil, primeiro no Rio de Janeiro e depois em Santos, onde desembarcou. Em 25 de fevereiro de 1952, Julio Simões foi recepcionado no porto de Santos por seu tio Arthur e seus dois filhos, Américo e Arthur. O tio era um homem de negócios e dono da empresa de transporte coletivo Auto Ônibus Mogi das Cruzes Ltda., responsável por linhas com roteiros entre as cidades de São Paulo, Mogi das Cruzes, Mogi-Salesópolis e Mogi-Guararema e conhecida apenas por "Mogi Ltda.". Depois de algum tempo em São Paulo, Julio recebeu um convite do seu tio para trabalhar na oficina da empresa em Mogi das Cruzes. Como não entendia ainda de seu novo trabalho, matriculou-se em um curso de oficial de mecânico de carros, com duração de dois meses (CENTRO..., 2012, p. 8).

No trabalho na oficina da empresa, enfrentou o desafio de dominar uma máquina que nunca tinha visto e, naquela época, mal sabia como operá-la. Mas logo percebeu a importância do conhecimento técnico que lhe faltava e aprendeu que nem todas as habilidades podem ser adquiridas apenas na prática. O valor do conhecimento técnico se revelou essencial, embora Julio soubesse que seu destino não era permanecer como mecânico na oficina da Mogi Ltda.

Mas o percurso rumo à fundação de sua própria empresa ainda demandaria algum tempo. Julio precisava se ajustar à realidade brasileira, e durante alguns anos foi funcionário da Mogi Ltda. Acostumado com o trabalho árduo, sua rotina era intensa e, frequentemente, não havia dias de descanso; no entanto, tudo valia a pena enquanto ele próprio expandia sua capacidade de trabalho.

Neste ponto, é plausível especular que o desejo de empreender tenha se manifestado de maneira inesperada na vida de Julio. Ao refletirmos sobre sua vida no campo, por exemplo, percebemos uma série de atividades rotineiras que não exigiam inovação ou a criação de metodologias. Seu pai, Antônio Simões, apesar de trabalhador e um ser humano exemplar, não demonstrava, até onde as fontes indicam, uma vocação empreendedora.

A segunda experiência profissional de Julio, ainda em Portugal, foi como soldado do exército, servindo nas forças militares portuguesas. Devido à forte hierarquia e disciplina presentes nesse ambiente, havia pouco espaço para que seu espírito empreendedor florescesse. Apesar de ter grandes aspirações, era necessária uma referência concreta para transformar seus sonhos em realidade.

Ora, quantas pessoas no mundo não nutrem o desejo de empreender? Certamente, milhares (ou até mesmo milhões). Porém, ter um sonho não é suficiente. Para se tornar um empreendedor é necessário agir e, principalmente, empreender. Se não temos essa referência, seja em casa, seja em outro ambiente, o caminho para transformar o sonho em realidade se torna árduo.

> Julio começava a trabalhar às 7 da manhã e só parava lá pelas 10 da noite. Quando necessário, viajava à noite para socorro nas estradas. Seu esforço foi reconhecido e ele tornou-se responsável por três garagens da companhia e seus respectivos almoxarifados: Suzano, Poá e Mogi das Cruzes. Ainda na Auto Ônibus Mogi das Cruzes Ltda., aprendeu sobre logística, substituiu o chefe de tráfego da empresa aos sábados e domingos e cuidou da continuidade dos ônibus nas ruas (CENTRO..., 2012, p. 11).

Como evidenciado, a trajetória de Julio Simões na empresa de seu tio foi proveitosa para se familiarizar com o país onde estava se estabelecendo. A experiência de explorar os diversos setores da empresa e lidar com uma variedade de ocupações permitiu-lhe crescer rapidamente como funcionário. É interessante perceber, mais uma vez, a produtividade de Julio durante esse período, destacando que ele não era inclinado ao descanso além do necessário. Essa disposição pelo trabalho, cultivada em seus primeiros anos em Portugal, proporcionou-lhe uma vantagem significativa para compreender as diferentes fases do trabalho na Mogi Ltda., ao mesmo tempo que forjou seu espírito para as longas jornadas que um empreendedor enfrenta para ver seus negócios prosperarem.

A ascensão de Julio Simões dentro da Mogi Ltda. pode parecer "natural", uma vez que ele era sobrinho do proprietário da empresa, mas esse pensamento contradiz os fatos. Mais realista é reconhecer o esforço e o mérito que Julio demonstrou ao longo dos anos. Agradecido pelo incentivo de seu tio para vir ao Brasil, ele dedicou os primeiros anos de sua jornada nos trópicos ao crescimento e desenvolvimento de sua empresa.

Durante esse período, Julio casou-se com Elvira Benedicta Simões e começou a construir sua própria família. O desejo de estabelecer um empreendimento foi crescendo ao longo dos anos no Brasil, e ao encontrar Elvira esse desejo se tornou ainda mais forte. Foi então que ele decidiu deixar a Mogi Ltda. e traçar um novo caminho ao lado da esposa. A decisão, aparentemente imprudente, não se mostrou desastrosa. Pelo contrário, podemos observar que nesse momento de autonomia, Julio fez uso de suas virtudes mais marcantes: disciplina e determinação.

> Em 16 de junho de 1954, Julio e Elvira se casaram. No mesmo ano, Julio pediu demissão da Auto Ônibus Mogi das Cruzes Ltda. Com a esposa, Elvira Benedicta Simões, passou a trabalhar como mascate, comprando e vendendo roupas no interior de São Paulo e Paraná. Possuía experiência em negociação, acumulada em Portugal. Percebeu que "só vende bem quem compra bem", descobrindo a importância de um negócio benfeito. Aprendeu também a lidar com as dificuldades e necessidades dos clientes: com o objetivo de conquistá-los, procurou facilitar o processo de venda através do parcelamento (CENTRO..., 2012, p. 11).

A mudança de rumo na carreira de Julio não representa um retrocesso, mas sim um grande avanço. Pela primeira vez, o jovem português seria o proprietário de um negócio dele mesmo, e aprenderia, por meio de sua própria experiência, a lidar com os desafios do empreendedorismo. É importante ressaltar que essas posições não são hierárquicas, ou seja, um empreendedor não é melhor do que um empregado, pois ambas as posições são interdependentes e codependentes. No entanto, dentro do contexto que estamos explorando neste capítulo, alcançar o status de empreendedor representa um avanço significativo na trajetória de Julio Simões.

Embora o comércio não tenha se tornado sua atividade principal, o ato de empreender, mesmo em outro ramo, merece reconhecimento. A experiência como mascate, um termo antigo para descrever o profissional do comércio ambulante, permitiu que ele deixasse de lado um pouco dos aspectos técnicos e desenvolvesse uma característica que o definiria ao longo de sua vida: a habilidade de lidar com as pessoas. Não é por acaso que um de seus principais conselhos para os filhos era a importância de saber se relacionar com os outros. O Centro de Memória e Cultura Julio Simões destaca uma frase emblemática sobre esse aspecto, proferida por Julio para seu filho Fernando Antonio Simões:

> Filho, as pessoas pensam que para uma empresa crescer é preciso dinheiro. Que nada. Dinheiro, se você for honesto e trabalhador, terá sempre crédito. Se não for em um banco, será em outro, mas sempre terá. Agora, gente, por mais dinheiro que tenha, você não consegue que façam do jeito que precisa. E nosso negócio é gente! (CENTRO..., 2012, p. 16).

Destacar esse aspecto na postura empresarial de Julio Simões vai além de simplesmente reconhecer seus valores; é resgatar uma maneira de viver mais harmoniosa dentro do mundo corporativo. Lidar com pessoas sempre será um desafio, seja no ambiente de trabalho ou em qualquer outro contexto, pois não somos programáveis como máquinas, muito menos previsíveis como dados estatísticos. Ter a sensibilidade para compreender os erros alheios, reconhecer, em certa medida, os próprios equívocos e construir conexões é fundamental para a trajetória do empreendedor.

Expressamos isso porque esses empreendedores compreenderam que o verdadeiro sucesso de uma empresa não reside apenas nos números, mas sim na evolução das pessoas dentro de suas funções. Investir no desenvolvimento humano naturalmente resulta em maior produção, aumento nas vendas e, consequentemente, em lucros. Ao inverter a lógica econômica, coloca-se o foco no fator humano, e os lucros, embora importantes e valiosos, são vistos como uma consequência desse crescimento.

Não é uma receita fácil, e Julio Simões foi um mestre ao aprender a liderar suas equipes. Portanto, desde a aquisição de seu primeiro caminhão para lançar a Transportadora Julio Simões, o empreendedor português, estabelecido em Mogi das Cruzes, precisou de muita dedicação para sustentar-se vendendo roupas com Elvira.

Em 1956, Julio adquiriu seu primeiro caminhão. Seu objetivo era estabelecer uma nova fonte de renda por meio do transporte. Viajando frequentemente para o Paraná, ele teve a oportunidade de interagir com diversas pessoas, a maioria delas sendo seus clientes e fornecedores. Foi então que percebeu a oportunidade de tornar as viagens lucrativas não apenas vendendo roupas, mas também transportando café e produtos hortifrutigranjeiros ao longo da rota São Paulo, Rio de Janeiro e Paraná. Essa estratégia aumentava os lucros e estabelecia novas conexões com os produtores locais.

A criação da Transportadora Julio Simões

Esse foi o primeiro passo em direção à fundação da Transportadora Julio Simões, que só ocorreria oito anos depois, em 1964. Assim como uma semente que requer solo fértil e condições adequadas para germinar, a JSL só nasceu após anos de dedicação, esforço e construção de contatos, impulsionados pelo carisma e disciplina de Julio Simões.

O método de Julio para adquirir recursos foi, talvez, o mais básico e antigo do mundo: gastar menos do que arrecadava. No livro *O homem mais rico da Babilônia*, escrito pelo economista George S. Clason em 1926, uma das lições mais valiosas é a prática de "pagar a si mesmo" em torno de 10% do que se ganha. Esse dinheiro deve ser guardado como reserva financeira e, posteriormente, utilizado para novos investimentos. Trata-se de uma regra econômica simples e eficiente, porém ainda desconhecida ou ignorada por muitas pessoas nos dias de hoje. No caso de Julio, reservar uma parte dos ganhos tinha um propósito claro: expandir sua frota.

> Além de pagar suas contas, ele guardava o restante do dinheiro para comprar um segundo caminhão. Meses depois, adquiriu um Fargo 1954. Ele continuou a comprar caminhões e a contratar pessoas para dirigi-los. Em 1958, já possuía uma frota de cinco veículos e quase não dirigia mais, uma vez que ficou responsável na maior parte do tempo pela administração dos seus caminhões (CENTRO..., 2012, p. 12).

Nesse momento de sua trajetória, Julio Simões estava com 30 anos de idade. Embora jovem, ele já tinha uma ampla experiência na gestão do novo empreendimento. Na Mogi Ltda., ele havia sido responsável por uma parte significativa das operações da empresa, garantindo a eficiência logística e a harmonia nas relações de trabalho. Assim, embora ainda gostasse de estar na estrada com seu caminhão, Julio começava a fazer a transição para a gestão da empresa.

Podemos afirmar que, de certa forma, a Transportadora Julio Simões teve seu início nessa fase, pois foi durante esses anos iniciais, especialmente a partir de 1958, que toda a estrutura operacional do negócio de Julio foi estabelecida. A prática de reservar uma parte dos lucros para reinvestir, expandindo sua frota e explorando novas rotas, permitiu que o empreendimento tivesse grande progresso ao longo dos anos.

E 1964 a JSL foi finalmente fundada, oito anos após Julio Simões ingressar no setor de transportes. A criação da empresa, de maneira objetiva, originou-se da necessidade de estabelecer uma estrutura organizacional interna, pois, mesmo sendo um empreendedor excepcional, é fundamental reconhecer que grandes negócios não podem ser conduzidos de forma isolada.

Entre 1954 e 1961, Julio contraiu grave tuberculose duas vezes e foi obrigado a se afastar do trabalho, apesar de ter permanecido menos tempo afastado do que o recomendado pelos médicos. Sua persistente vontade de trabalhar e o desejo de se manter ativo jamais permitiriam que Julio se resignasse a ficar acomodado em uma cama, seja no hospital, seja em seu próprio quarto.

Mas em 1961 sua saúde foi novamente afetada, agora não por doença, mas por um acidente.

> Em agosto de 1961, Julio se envolveu em um acidente grave, quando viajava para o Rio de Janeiro para socorrer um de seus caminhões na rodovia Presidente Dutra. Um caminhão que seguia no sentido contrário perdeu o controle e atingiu o carro em que ele estava. O acidente causou-lhe uma fratura exposta no fêmur e a necessidade de passar por uma cirurgia, o que o deixou em casa por mais de quatro meses, com o risco de com-

prometer novamente o desenvolvimento de seus negócios. Ele se recuperou, mas teve de se afastar definitivamente da função de motorista, focando apenas no trabalho administrativo (CENTRO..., 2012, p. 15).

Com a experiência desagradável do acidente, Julio percebeu que seu papel dentro da empresa era o de gestor, e não mais o trabalho operacional. Esse momento se revelou um divisor de águas em sua atuação como empreendedor, levando-o a dedicar-se, a partir de 1961, ao desenvolvimento de novas estratégias de crescimento. A eficiência da empresa garantia a fidelização dos clientes e estabelecia parcerias de longo prazo. Uma dessas parcerias, como já mencionado, foi com a gigante Suzano.

Um fator que contribuiu para o crescimento de Julio Simões foi a baixa concorrência diante da alta demanda em seu segmento; a economia em expansão do eixo Sul-Sudeste carecia de meios de transporte eficientes. É importante ressaltar que um dos pontos destacados no programa de governo do presidente Juscelino Kubitschek era a ampliação das rodovias para promover uma maior integração entre as regiões do Brasil. Nos anos 1960 e 1970, durante o regime militar, houve também uma atenção especial para esse tema, com iniciativas como a construção da famosa Transamazônica e os investimentos contínuos no setor rodoviário.

Considerando esse cenário, a expansão de Julio Simões estava em sintonia com a diretriz estabelecida pelo governo brasileiro para o setor. Ao dar prioridade ao desenvolvimento das rodovias, o governo criava condições favoráveis para o transporte em larga escala, o que representava uma oportunidade excepcional para novos empreendedores no ramo. Conforme observado por Aurora Maria Putton Barbosa:

> Os planos e políticas voltados para o desenvolvimento econômico e de expansão dos sistemas e infraestruturas de transportes

foram gradativamente possibilitando a estruturação do setor privado, de modo que suprisse as novas demandas da economia e do setor de transportes. O interesse das montadoras, das multinacionais do petróleo e da borracha, aliados aos interesses das empreiteiras nacionais pressionavam o avanço das políticas do setor de transportes associadas ao rodoviarismo. Ao final da década de 1940, o país carecia "de rodovias, automóveis, ônibus e caminhões" e que a tendência ao rodoviarismo era a melhor para aquele momento, afinal não havia "um sistema ferroviário único, mas vários sistemas regionais" que orientavam os fluxos de produtos para os portos distribuídos ao longo da costa e vice-versa com relação às importações. A plasticidade do transporte rodoviário possibilitava a superação dos exclusivismos regionais e a imposição de uma nova divisão territorial do trabalho, unificando o mercado (BARBOSA, 2013, p. 108-9).

Como podemos observar, o contexto histórico do crescimento de Julio Simões estava intrinsecamente alinhado com o avanço das políticas públicas voltadas para o setor rodoviário. Não podemos considerar isso como mero acaso, mas sim como evidência da capacidade visionária do empreendedor em direcionar seus negócios para aproveitar as oportunidades emergentes. Essa habilidade de analisar o ambiente circundante e, com base nessa compreensão, elaborar um plano de ação não é simples nem comum a todos. Para ser um empreendedor de sucesso, não basta possuir capital ou um sonho; é fundamental desenvolver essa capacidade de análise e visão a curto, médio e longo prazo. Mas Julio Simões com certeza tinha tais virtudes. O crescimento constante de seus negócios é prova de sua competência, tanto na expansão da frota de caminhões quanto na necessidade de ampliar seus empreendimentos.

Em 1964, a Transportadora Julio Simões foi oficialmente fundada. Assim como uma semente que só brota após fincar suas raízes, a Transportadora Julio Simões nasceu do esforço de quase uma década, de acúmulo de capital e reinvestimento. Até 1965, Julio já contava com uma frota de 15 caminhões e um galpão para guardá-los de forma segura. No entanto, com o passar do tempo tornou-se evidente que o próximo passo para a expansão da Transportadora Julio Simões não seria apenas o aumento da frota, mas, sobretudo, a conquista de novos contratos, a exploração de novas rotas e a criação de parcerias com outras empresas.

O primeiro passo nessa direção foi dado durante os anos 1970. Com o objetivo de ampliar os produtos transportados, Julio Simões buscava uma oportunidade para ingressar no mercado siderúrgico. Até então, o foco de sua transportadora era principalmente o papel, com a Suzano como principal parceira. Em 1971, a Transportadora Julio Simões conseguiu adquirir outra empresa de transporte, a Transcofer. Essa aquisição conferiu à Transportadora Julio Simões o controle da empresa e também sua operação. A Transcofer era especializada no transporte de ferro e aço – metais que serviam como matéria-prima para as siderúrgicas.

A oportunidade de adquirir o controle da Transcofer surgiu devido à necessidade de capital da empresa. Ao adquirir a maioria das ações, Julio Simões assumiu a gestão da empresa e conseguiu direcioná-la para o caminho do progresso, tornando-a um dos pilares da Transportadora Julio Simões. De acordo com o Centro de Memória e Cultura Julio Simões (2012, p. 18), a atuação do empreendedor na Transcofer foi da seguinte forma:

> Sob sua administração, em seis meses a empresa ampliou o faturamento em mais de 500% e quitou antecipadamente todas as parcelas que ainda iriam vencer. Sua participação no volume de serviços prestados no transporte siderúrgico para empresas estatais se consolidou, levando-a ao topo do ranking dois anos depois, no volume de cargas movimentadas pelo pool das 14 transportadoras.

Qual foi o grande diferencial de Julio Simões? A curto prazo, sua gestão deu mais eficiência à empresa e abriu novas possibilidades no mercado. Com isso, a Transportadora Julio Simões alcançou um novo patamar, tornando-se uma das principais transportadoras do país. Nesse sentido, a expansão do negócio ocorreu de maneira vertical, caracterizada pelo avanço para um novo status dentro do seu setor de atuação. Esse tipo de crescimento pode ser identificado quando uma empresa aumenta seus contratos, faturamento ou diversidade de serviços, elevando os parâmetros de êxito. Por outro lado, a expansão horizontal, em termos gerais, implica apenas um aumento na produtividade, mantendo-se nos mesmos níveis de antes.

Ao assumir o controle da Transcofer, ele aplicou toda a sua experiência para torná-la rentável novamente. Mas os planos de Julio Simões para a Transportadora Julio Simões iam além do nível alcançado até então. Em 1978, a Transportadora Julio Simões deu um salto significativo ao ingressar no mercado de transportes pesados. Inspirando-se na estratégia utilizada com a Transcofer, Julio adotou uma abordagem semelhante, adquirindo empresas já estabelecidas nesse ramo. Essa estratégia proporcionava a aquisição completa da operação da empresa, incluindo sua força de trabalho e contratos em vigor. No entanto, exigia um grande volume de capital, o que explica o intervalo de sete anos entre a aquisição da Transcofer e esse novo avanço no segmento de transporte.

Podemos compreender, portanto, que Julio Simões, como um empreendedor visionário, não agia por impulsos, mas seguia uma rota cuidadosamente delineada para o crescimento de seus negócios, demonstrando um padrão consistente de ação e gestão. Após expandir suas operações no setor de transporte, ele dedicava tempo para estabilizar a empresa e conquistar novos contratos. Dessa forma, Julio Simões empregava dois movimentos básicos para o crescimento de suas empresas: expansão e estabilidade. Ao contrário de outros empreendedores, que buscavam crescer rapidamente abrindo filiais e ampliando sua presença física no mercado, o método de Julio Simões era mais consistente e seguro, garantindo que a Transportadora Julio Simões pudesse atravessar décadas sem ser afetada drasticamente pelos altos e baixos da economia nacional.

> Julio Simões ficou conhecido como um dos empresários mais respeitados do setor de transportes. Sua competência administrativa e habilidade para lidar com situações adversas conferiram o reconhecimento que o ajudou a enfrentar a difícil década de 80. Com o Plano Cruzado, houve também a falta de produtos, máquinas e caminhões. Nesse período, Julio Simões e outros presidentes de transportadoras se reuniram com o gerente comercial da Scania e propuseram um novo acordo: pagar mais pelos caminhões para não ficar sem eles. Sempre fiel aos seus princípios, continuou a trabalhar e a fazer as entregas dos clientes, independentemente da rentabilidade do serviço. Em 1984, adquiriu a empresa que distribuía bebidas Antarctica. Em 1987, investiu na diversificação de atividades. Agregar valor e soluções logísticas aos clientes passa a ser o foco do seu negócio. O início de novos serviços em clientes deu-se com o transporte de funcionários para a Companhia Suzano e locação de veículos para a Aracruz Celulose (CENTRO..., 2012, p. 19-20).

A década de 1980 ficou marcada na história do Brasil como "a década perdida". A instabilidade política decorrente do fim do regime militar, somada aos problemas de inflação, tornou a vida econômica de toda a população um verdadeiro caos. Nesse contexto de incerteza, as empresas também enfrentaram desafios significativos. No entanto, mesmo diante dessa instabilidade, Julio Simões conseguiu impulsionar o crescimento da Transportadora Julio Simões. Por meio do redirecionamento estratégico de seus negócios e da ampliação da diversificação de suas operações para captar um mercado mais amplo, por meio da negociação de novos contratos ou de aquisições, Julio demonstrou que, mais do que simplesmente ter crédito no banco, é fundamental contar com parceiros confiáveis. Dessa forma, mesmo nos momentos mais desafiadores desses difíceis dez anos, a Transportadora Julio Simões superou as adversidades e conseguiu manter seu crescimento.

Durante esse período, Fernando Antonio Simões, filho de Julio Simões, aos 14 anos já estava envolvido com a empresa e gradualmente aprendia a desenvolver uma visão sólida para o grande empreendimento que seu pai havia erguido. Fernando assumiu um papel cada vez mais proeminente na gestão da Transportadora Julio Simões, tomando as principais decisões da empresa.

A expansão do então Grupo Julio Simões persistiu ao longo das décadas de 1990 e 2000, diversificando-se a ponto de abranger praticamente todos os aspectos relacionados ao transporte e à logística. O que começou com um foco no transporte de cargas evoluiu para incluir até serviços diversos para atender a necessidade dos seus clientes. Dessa forma, o Grupo Julio Simões solidificou sua posição no mercado e se tornou Julio Simões Logística, a maior empresa do segmento logístico de cargas do Brasil.

O maior empreendimento de todos: o capital humano

Em 8 de março de 2012, aos 84 anos, Julio Simões deixou este mundo. Apesar da idade avançada, ele ainda mantinha seu vínculo com a empresa que fundou, embora na prática seu filho, Fernando Antonio Simões, estivesse à frente da JSL. Julio, como um pai atencioso e protetor, continuava a aconselhar os filhos e amigos, enquanto cultivava laços inquebrantáveis entre as pessoas. No fim das contas, talvez esse tenha sido o maior empreendimento de sua vida, como ele costumava dizer:

> Meu maior patrimônio é sem dúvida estar rodeado dessas pessoas: os colaboradores que trabalham e trabalharam na empresa, os clientes que nos oferecem oportunidades e em especial minha família, a base de tudo que construí, além da sorte, que para mim é a mão de Deus que sempre me acompanha (CENTRO..., 2012, p. 2).

Julio Simões nunca esteve sozinho. Sua habilidade de criar vínculos com outras pessoas transcende técnicas ou aprendizados adquiridos em livros. É parte intrínseca de sua essência. Assim, podemos afirmar que sua contribuição para o mundo dos negócios vai além do desenvolvimento da logística ou do domínio de seu setor. Isso tudo foi possível porque Julio Simões compreendeu que empreender não deve ser uma jornada solitária, mas uma oportunidade de estabelecer amizades, parcerias e encontrar soluções de forma colaborativa e justa.

O legado de Julio Simões transcende a contabilidade, o lucro e o capital acumulado ao longo de sua carreira. Todos esses aspectos são finitos e, inevitavelmente, chegarão ao fim em algum momento. Mas a amizade, as parcerias e os valores humanos que ele compartilhou ao longo de sua jornada são inestimáveis e continuarão a inspirar aqueles que entrarem em contato com sua história. É por isso que Julio Simões é considerado um dos maiores empreendedores da história do Brasil.

Anexo

Primeiro caminhão adquirido por Julio Simões, um Ford F8, modelo de 1951. Acervo Centro de Memória e Cultura Julio Simões.

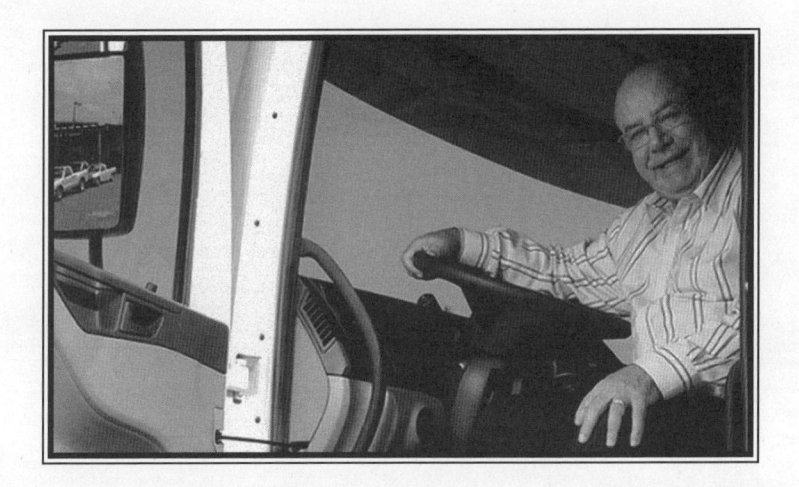

Julio Simões em um dos seus caminhões da frota JSL.
Acervo Centro de Memória e Cultura Julio Simões.

Sede da transportadora Julio Simões na década de 1980.
Acervo Centro de Memória e Cultura Julio Simões.

Referências

ANSIÃO. Concelho de Ansião. *Dados estatísticos*. Disponível em: https://www.cm-ansiao.pt/PT/concelho-dados-estatisticos. Acesso em: 8 set. 2023.

BARBOSA, Aurora Maria Putton. *Rodoviarismo e integração:* a ideologia e a política da modernização conservadora catarinense. 2013. Dissertação (Mestrado em Geografia) – Programa de pós-graduação em Geografia, Universidade Federal de Santa Catarina, Florianópolis, 2013.

CENTRO DE MEMÓRIA E CULTURA JULIO SIMÕES. *Uma história para ficar na memória*. [S. l.: s. n.], 2012.

CENTRO DE MEMÓRIA JULIO SIMÕES. Disponível em: https://centrodememoria.simpar.com.br. Acesso em: 14 set. 2023.

DO ZERO AO TOPO: Simpar: o caminho da holding de mobilidade para chegar ao topo. 2023. *Podcast*. Disponível em: https://www.youtube.com/watch?v=UA7jdY_ytXY. Acesso em: 23 maio 2024.

ENTENDA como a JSL se tornou uma gigante da logística. 2022. Publicado pelo canal OficialJSL. Disponível em: https://www.youtube.com/watch?v=0MhksnYmYQA. Acesso em: 23 maio 2024.

FERREIRA, Diogo; DIAS, Paulo. *História de Portugal*. Lisboa: Verso de Kapa, 2016.

JSL. *Nossa história*. Disponível em: https://ri.jsl.com.br/a-companhia/nossa-historia. Acesso em: 15 set. 2023.

MELO, Hildete Pereira de; MARQUES, Teresa Cristina de Novaes. Imigrantes portugueses no Brasil a partir dos recenseamentos populacionais do século XX: um estudo exploratório de gênero. *Gênero*, Niterói, v. 9, n. 1, p. 69-88, 2008.

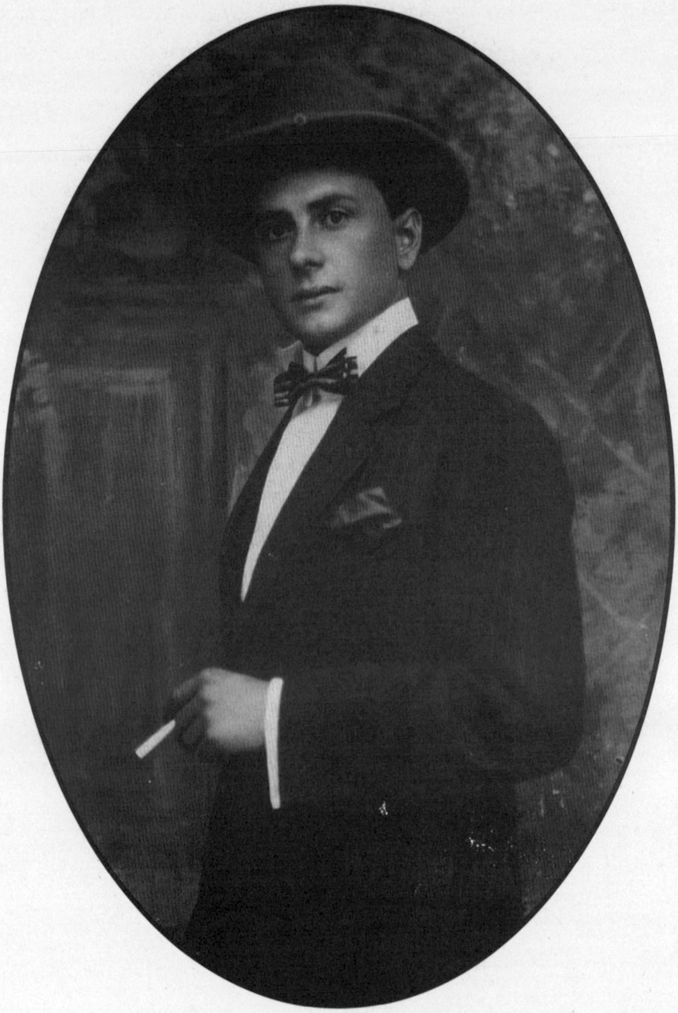

Américo Emílio Romi

—

O empreendedor das máquinas

Introdução

A história da humanidade pode ser contada de várias maneiras. Assim como em um caleidoscópio, no qual diferentes imagens emergem dependendo do ângulo de observação, a história é composta por diferentes perspectivas, métodos de análise e narrativas. Nos tempos atuais, há um esforço para examinar o passado por meio do conflito entre diferentes grupos sociais, mesmo quando não há informações precisas sobre tais distinções. Por exemplo, há referências a uma pré-história com sociedades de caçadores-coletores, sugerindo que o tipo de atividade pode ter influenciado a posição social dentro do grupo. Não buscamos aqui apontar equívocos ou limitações dessa abordagem, mas sim reconhecer que, por mais sofisticada que seja uma visão moderna do passado humano, ela sempre será influenciada pela interpretação e pelo ponto de vista de quem a analisa. Portanto, toda narrativa histórica reflete, em maior ou menor medida, a inclinação de quem a escreve.

Reconhecemos essa limitação e reconhecemos que este livro também está sujeito ao mesmo desafio metodológico. Nosso objetivo, portanto, é o de observar por outro ângulo esse complexo caleidoscópio que é a História, seja em qual contexto for. Aqui nos deparamos com o desafio de examinar as trajetórias individuais, de empreendedores que foram capazes de transformar suas realidades e as de milhares de pessoas, incluindo funcionários, fornecedores e clientes. Nesse sentido, uma abordagem baseada em conflitos ou lutas de classes pouco contribui para nossa análise, pois essa narrativa já foi amplamente explorada. Em vez disso, buscamos explorar o passado sob outras óticas. Uma delas é considerar, além do papel do indivíduo na sociedade, a dinâmica da relação entre o indivíduo e a sociedade, como já discutido em diversos capítulos.

Outra perspectiva a considerar é a relação entre técnica e tecnologia no desenvolvimento tanto individual quanto coletivo. A história da humanidade pode ser examinada sob essa ótica, uma vez que os avanços tecnológicos têm o poder de transformar as relações sociais e a dinâmica de uma sociedade. Um exemplo clássico é a Revolução Industrial do século XVIII, que transformou o processo de produção fabril de tal maneira que alterou profundamente as relações sociais no campo e na cidade, redefinindo os padrões de consumo e impulsionando o mundo para uma nova era tecnológica. Não é por acaso que ainda hoje associamos o progresso da sociedade a revoluções tecnológicas, especialmente aquelas ocorridas no século XX e XXI. Esses avanços com frequência nos levam a acreditar que o desenvolvimento da humanidade está intimamente ligado à sua capacidade de criar e adotar novas tecnologias, as quais, enquanto ferramentas que otimizam e facilitam a vida, também influenciam novos comportamentos e moldam novas formas de interação social.

Um exemplo evidente desse fenômeno é a revolução dos smartphones, que se transformaram em itens de grande valor social. A falta de acesso a essa ferramenta pode limitar as interações de um indivíduo, diminuindo seu status dentro do grupo social e, em certa medida, colocando-o à margem das normas sociais predominantes.

Podemos então compreender que a tecnologia é um parâmetro relevante ao examinarmos a história de um país ou mesmo de um indivíduo. No empreendedorismo, a importância da tecnologia é ainda maior, pois muitas empresas conseguem se destacar e alcançar novos níveis graças à inovação. A introdução de novas tecnologias, máquinas e técnicas em uma sociedade que ainda não as possui é um grande mérito dos empreendedores, que, ao exportarem conhecimento e práticas de regiões onde tais ferramentas já são utilizadas, podem transformar o meio em que estão inseridos.

É sobre esse tema que trataremos neste capítulo, ao explorarmos a trajetória de um dos grandes empreendedores da indústria brasileira, um verdadeiro pioneiro no sonho de construir uma economia nacional robusta. Estamos nos referindo a Américo Emílio Romi, o empreendedor das máquinas, que foi capaz de lançar o primeiro automóvel nacional e demonstrar ao Brasil e aos brasileiros toda a nossa capacidade e potencial.

Os primeiros anos de Américo Emílio Romi

Américo Emílio Romi nasceu no crepúsculo do século XIX, uma era marcada pelo avanço da ciência. Sua chegada ocorreu em 26 de junho de 1896, na cidade de São José do Rio Pardo, uma localidade pacata, porém dinâmica. A origem da cidade de Emílio Romi remonta à união de diversos fazendeiros e à luta deles pelo reconhecimento político da região. Sob a liderança de Antônio Marçal Nogueira de Barros, São José do Rio Pardo deixou de ser um simples distrito em 1886, tornando-se um município na então província de São Paulo. Segundo dados do IBGE[16], a cidade nasceu com ares republicanos e foi uma das primeiras localidades a buscar a ruptura com o regime monárquico, que só seria efetivada em 1889.

Essa é uma observação relevante, pois ao considerarmos os ideais republicanos da época podemos perceber a busca pelo progresso, o apoio à ciência e ao desenvolvimento nacional

---

16 Para mais informações sobre o assunto, ver: https://cidades.ibge.gov.br/brasil/sp/sao-jose-do-rio-pardo/historico.

como os pilares fundamentais da nova sociedade que estava sendo moldada. Não é por acaso que o lema presente em nossa bandeira até os dias atuais remete ao positivismo de Auguste Comte, o renomado pensador do século XIX que defendeu a necessidade de uma sociedade fundamentada na ciência. Assim, a inscrição "Ordem e Progresso" em nossa bandeira não é apenas um lema, é uma declaração dos princípios que permeavam o exército e a sociedade republicana do final do século XIX.

Assim, podemos inferir que, mesmo residindo em uma cidade pequena e distante dos grandes acontecimentos nacionais, Emílio Romi foi influenciado por esses princípios em sua formação como indivíduo. Outro aspecto relevante que corrobora essa perspectiva é sua origem familiar. A família Romi tem raízes italianas, sendo os pais de Américo Emílio, Sr. Policarpo Romi e Sra. Regina Seppia, imigrantes italianos. Ao migrarem para o Brasil, esses estrangeiros trouxeram consigo sua mão de obra e determinação para construir uma nova vida, carregando também os ideais e valores que permeavam a Europa. Assim, ao longo do final do século XIX e início do século XX, o Brasil experimentou uma verdadeira febre de novas ideias em diversos domínios sociais, sendo o anarquismo uma das ideologias mais proeminentes e influentes, como evidenciado nas grandes greves de 1917.

Com base nesses fundamentos, é razoável afirmar que a educação de Emílio Romi, desde o ambiente familiar até sua vida em sociedade, foi fortemente influenciada por ideais que estavam na vanguarda do século XIX. Esses princípios de progresso, evolução e desenvolvimento certamente moldaram sua trajetória como empreendedor, uma vez que é impossível dissociar o indivíduo de seu contexto social, seja no ambiente de trabalho, seja em sua esfera privada. Referindo-se à chegada dos pais de Américo Emílio Romi ao Brasil, Daniela Alves Munari observa que:

No final do ano de 1895, sem escolha quanto ao futuro em sua terra natal, seus pais embarcaram com destino ao Brasil (que vivia seus primeiros anos de República) em busca de novas oportunidades. O casal Romi chegou ao Brasil sem ao menos saber falar o idioma, mas, com um objetivo claramente traçado: instalar-se e reiniciar a vida em outro continente. Ao desembarcarem, sua primeira parada foi a Hospedaria dos Imigrantes em São Paulo, que funcionava como um centro de triagem, com um controle rígido, e foram agregados ao grupo que se dirigiu a São José do Rio Pardo. Durante a viagem para lá perceberam que a família iria se instalar para trabalhar duro, quase como escravos (MUNARI, 2021, p. 12).

É importante destacar que em 1895 o Brasil havia recentemente abolido a escravidão com a Lei Áurea, de 1888; no entanto, a prática trabalhista, especialmente no campo, ainda refletia uma mentalidade escravocrata. Os imigrantes, embora fossem trabalhadores assalariados e suas condições fossem melhores do que as dos escravos, ainda enfrentavam um regime árduo, frequentemente sujeitos a castigos físicos. Isso evidencia que a vida dos imigrantes não era fácil e que o "país das oportunidades" exigia um preço alto pelo recomeço de vida.

A família Romi estava entre as milhares que migraram para o Brasil entre o final do século XIX e o início do século XX. O gráfico a seguir nos auxilia a compreender o fluxo de imigrantes durante esse período no Brasil.

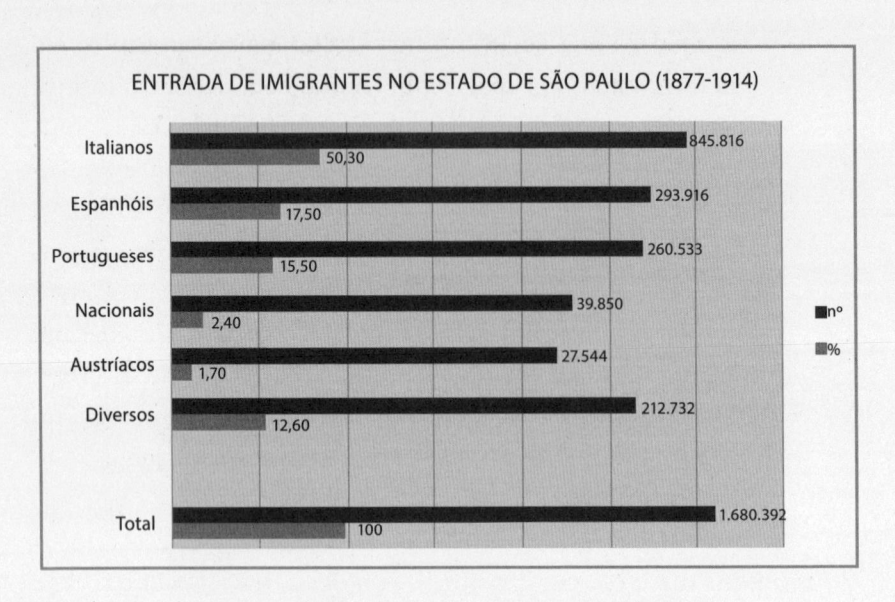

ENTRADA DE IMIGRANTES NO ESTADO DE SÃO PAULO (1877-1914)	
Italianos	845.816 / 50,30
Espanhóis	293.916 / 17,50
Portugueses	260.533 / 15,50
Nacionais	39.850 / 2,40
Austríacos	27.544 / 1,70
Diversos	212.732 / 12,60
Total	1.680.392 / 100

Gráfico 1: A entrada de imigrantes em São Paulo.
Fonte: Elaborado pelo autor conforme Calsani (2010, p. 21).

Conforme evidenciado pelo gráfico, aproximadamente metade dos imigrantes que chegaram a São Paulo durante esse período era proveniente da Península Itálica. Além da região paulista, muitos imigrantes foram estabelecidos no sul do país, enquanto outros milhares se dirigiram ao Rio de Janeiro e aos demais estados da região sudeste. Como mencionado anteriormente, a principal necessidade dessa mão de obra imigrante era substituir os escravos que, uma vez libertos, abandonaram em sua maioria a vida no campo.

Tal como ocorria em outras partes da Europa, a Itália enfrentava uma crise nacional no final do século XIX. A unificação do país em 1870 mergulhou, de início, as diferentes províncias em uma crise política e econômica. Por outro lado, a propaganda eficaz do Brasil retratava o país como um verdadeiro paraíso tropical. Essa conjuntura contribuiu para a vinda em massa dos italianos ao longo das décadas seguintes.

A família Romi desembarcou nas terras brasileiras em 1895. Após pouco mais de seis meses vivendo em São José do Rio Pardo, nasceu, em 1896, o primogênito do casal: Américo Emílio Romi. O nome "Américo", conforme Ignácio de Loyola Brandão, foi uma homenagem ao continente americano (Brandão, 1996, p. 12).

Inicialmente trabalhando na lavoura, Regina e Policarpo viveram os primeiros anos no Brasil como camponeses. Porém, ambos não tinham a intenção de permanecer décadas naquela ocupação. Até 1897, economizaram dinheiro (vale ressaltar que eram trabalhadores assalariados) e conseguiram mudar-se para o centro da cidade de São José do Rio Pardo. Ali começaram os primeiros empreendimentos da família Romi: uma pequena loja de reparos e um modesto empório. Américo Emílio Romi tinha pouco mais de um ano na época, portanto seus anos de infância não foram marcados pelo trabalho no campo, mas sim pela observação dos pais empreendendo como comerciantes. Devemos considerar esse fato para entender a trajetória de Américo Emílio, afinal nossos pais e familiares são as primeiras referências que temos na vida, não só na área profissional como também na construção do mundo que vamos desenvolvendo à medida que crescemos. Nesse aspecto, estar próximo à realidade empreendedora dos pais certamente influenciou sua decisão de seguir esse caminho na fase adulta.

> Na oficina, Emílio engatinhava pelo chão arrastando-se entre pregos, parafusos, aparas de ferro, deixando a mãe em sobressalto. Ali, vendo o pai ocupado com ferramentas, o menino aprendeu a andar (BRANDÃO, 1996, p. 12).

A admiração de Américo Emílio Romi por seu pai era inestimável. Muito afeito ao trabalho, Policarpo desempenhava diversos ofícios, além de gerenciar seus próprios empreendimentos. No início do século XX, chegou a trabalhar como maquinista e contribuiu para a construção de linhas ferroviárias. Essas atividades também cativaram Emílio, que via seu pai como um verdadeiro herói. No entanto, o fato de Policarpo precisar atuar em tantas áreas distintas mostra que a vida do imigrante nesse período não era fácil. Relatos da época afirmam que os empregadores, pouco familiarizados com o pagamento de salários e condições de trabalho, ainda tentavam impor regras e práticas da época da escravidão, o que gerava tensões e levava muitos imigrantes a fugir.

Sem dúvidas a família Romi também sofreu com esse aspecto, o que os levava a buscar constantemente novas oportunidades de trabalho. Até 1912, eles viveram em diferentes cidades, à procura de outras ocupações. Policarpo, como chefe da família, estava determinado a encontrar um setor pouco explorado que pudesse oferecer boas oportunidades, mas até então não havia obtido sucesso. Após enfrentar várias dificuldades, ele tomou a decisão de retornar à Itália com a família. Essa seria a primeira vez que Américo Emílio Romi deixaria seu país natal e teria contato com suas raízes. Assim começaram os onze anos que passou na Itália, onde conheceu sua esposa, Olímpia, ingressou no mundo do trabalho e deu os primeiros passos na realização de seus sonhos.

A vida na Itália

De volta à Europa em 1912, a família Romi iniciava mais uma tentativa de recomeço. Com 18 anos, Américo Emílio já não era mais uma criança, mas sim um jovem que precisava alçar voos e ajudar a família. Já interessado pela mecânica, Emílio dedicou parte de seus estudos à eletrotécnica, destacando-se como um aluno brilhante. No entanto, em 1914 tudo mudou.

O início da Primeira Guerra Mundial (1914-1918) mergulhou a Europa no caos. Jovens como Emílio, agora com 18 anos, foram recrutados para os campos de batalha. Américo serviu no exército italiano, assumindo funções como a de telegrafista (ele aprendeu o código Morse durante o treinamento militar) e mecânico, devido às suas habilidades com veículos e máquinas.

Até 1916, Emílio manteve-se ativo no combate, mas as derrotas italianas resultaram no recuo de seu agrupamento. Durante um bombardeio, Emílio ficou ferido, tornando-se incapaz de continuar lutando e sendo levado para a retaguarda. A experiência na guerra certamente deixou traumas e ensinamentos profundos. Ele adquiriu habilidades com armas, aplicando grande parte do conhecimento que anteriormente só havia visto em livros ou aprendido observando o pai. Pela primeira vez, o jovem Américo esteve diretamente envolvido no conserto de veículos, colocando à prova tudo o que havia aprendido.

Esses anos de guerra desempenharam um papel significativo em sua jornada, pois nem sempre o resultado de experiências tão adversas é o trauma. Além disso, é importante destacar que foi durante um dos momentos mais desafiadores de sua vida que Emílio Romi conheceu sua futura esposa, Olímpia. Em uma narrativa que ecoa os relatos de Hemingway em *Adeus às armas*[17], Américo passou semanas em um hospital em Verona, recebendo tratamento para os graves ferimentos que havia sofrido. Olímpia estava atuando como enfermeira, e desse encontro nasceu o amor entre os dois. No ano seguinte já estavam com o casamento marcado. Sobre esse encontro, Brandão observa que:

> Emílio era forte e saudável, e a convalescença foi rápida. Os dois tinham prazer na companhia um do outro. Ele, enérgico e falante. Ela, também enérgica, mas ponderada, medindo as palavras, dizendo só o essencial. Da mesma forma que tantas moças de sua

---

17 Livro publicado por Ernest Hemingway em 1929, no qual o enredo relata o romance entre uma enfermeira e um soldado no front italiano.

idade e classe, apresenta-se como voluntária. Morava no hospital e, nas folgas, ia para a casa dos pais (BRANDÃO, 1996, p. 25).

Com o casamento, em 1917, Américo concentrou seus esforços em cuidar da família. Embora a guerra ainda estivesse em curso, já não mantinha o mesmo ímpeto dos primeiros anos. Devido aos ferimentos que sofrera, conseguiu ser transferido para outra unidade e não mais atuava diretamente no campo de batalha. No ano seguinte, veio o desfecho do conflito, e, em 1919, convicto de que a vida militar não era o seu caminho, solicitou a sua baixa do exército.

Assim, Américo retornou à vida cotidiana na Itália. O desafio do jovem era recomeçar a vida, e sua escolha foi trabalhar como operário em duas fábricas: a Stigler, especializada em elevadores; e a Brown Boveri, que fabricava equipamentos pesados. Essas experiências na indústria certamente influenciaram Américo Romi como empreendedor. Estar envolvido no processo de fabricação de máquinas reavivou seu interesse, que remontava à infância na oficina de seu pai, e também ampliou suas perspectivas sobre a construção e produção dessas máquinas. Vale lembrar que nesse período, fortemente marcado pela Primeira Guerra Mundial, as máquinas representavam uma grande aposta para solucionar problemas cotidianos e eram vistas como o futuro das inovações. Logo, é fácil supor que a aspiração de criar e fabricar novas máquinas era compartilhada por muitos jovens do início do século XX, mesmo que eles na prática não tivessem os recursos financeiros para iniciar uma fábrica. O fato de Américo Romi estar diretamente envolvido nesse processo lhe permitiu sonhar que um dia teria sua própria fábrica e realizaria seus sonhos.

A realidade, porém, lhe batia à porta naquele momento. Em 1920, nasceu o primeiro filho do casal, Giordano[18]. Com a família

---

18 Vale mencionar que Olímpia já tinha um filho, fruto do seu primeiro casamento. O primeiro marido faleceu jovem, e na época em que conheceu Emílio ela já era viúva.

crescendo, surgia a necessidade de mais recursos financeiros para custear os gastos, levando Américo a assumir uma jornada dupla na fábrica. Durante esse período, conforme relatado por Brandão, Américo mal encontrava tempo para estar com os filhos, que ficavam sob os cuidados de Olímpia. A vida no trabalho não se resumia apenas a sonhos; era marcada por muito suor, sacrifício e lágrimas.

Com grande esforço, e seguindo os passos do pai, Américo Romi economizou durante alguns anos. Em 1923, tomou a decisão de retornar ao Brasil, sua terra natal. O sonho de voltar para o Brasil fez com que Américo recusasse diversas oportunidades na Itália, mas isso não o incomodava. Sua meta era se tornar um empreendedor nos trópicos, e assim o fez. Na véspera de Natal, junto com a família, os primeiros passos do sonho de Américo Emílio Romi começavam a se tornar realidade.

O início do sonho: os primeiros anos de volta ao Brasil

A chegada da família Romi ao Brasil marcou um recomeço e, ao mesmo tempo, um reencontro. Américo decidiu por retornar ao estado onde nasceu, São Paulo, mas já não tinha intenção de voltar para São José do Rio Pardo. Ao regressar às terras brasileiras, Américo e a família estabeleceram-se na capital paulista. Utilizando o dinheiro que havia economizado durante os anos de trabalho na Itália, inaugurou sua primeira oficina mecânica. Seguindo os passos do pai, Américo investiu em seu espírito empreendedor e rapidamente destacou-se na região. De acordo com Brandão, o jovem empreendedor percebeu que a maioria dos clientes só chegava ao final do expediente, ao entardecer. Determinado a fazer seu negócio prosperar, Américo começou a atender no horário noturno, algo inovador para os habitantes de São Paulo (BRANDÃO, 1996, p. 29).

Aqui podemos observar duas características fundamentais para o sucesso de um empreendedor: obstinação e visão. A obstinação reside na habilidade de perseguir uma meta, muitas vezes sacrificando outros aspectos da vida pessoal. O compromisso com o trabalho, seja no Brasil ou na Itália, foi um esforço vital nos estágios iniciais. Apesar da ausência física em casa, a persistência resultou em conquistas significativas. Um empreendedor deve estar preparado para enfrentar esse tipo de desafio, pois uma empresa bem-sucedida não surge por acaso, o que demanda grandes quantidades de tempo e energia.

Para além da obstinação, é fundamental ter consciência dos lucros que podem ser obtidos. Ser visionário e inovador é essencial para a jornada do empreendedor, pois é necessário enxergar longe, estabelecer metas a longo prazo e construir um caminho até alcançá-las. Durante esses primeiros anos no Brasil, Américo conseguiu percorrer esse caminho, embora nem sempre tenha sido um mar de rosas.

Um desses momentos aconteceu em 1924, logo após a inauguração de sua oficina. Naquela época, ocorreu a segunda revolta tenentista, que foi desencadeada como uma tentativa de destituir o governo. No meio do caos que se espalhou pelas ruas, a oficina de Américo foi invadida, saqueada e depredada.

> Quando a revolução terminou e Emílio retornou à oficina, o salão estava vazio, depredado. Com o coração nas mãos, Emílio viu que tudo fora saqueado, desde as ferramentas até os autos que aguardavam conserto. Momento de profundo desânimo, sem patrimônio, sem capital e com um filho a mais (BRANDÃO, 1996, p. 31).

Esse primeiro contratempo levou Américo a repensar sua rota. Para reconstruir a oficina, seria necessário gerar recursos novamente e cobrir os prejuízos. Assim, em 1925 ele concordou em voltar a trabalhar como empregado. Durante alguns anos, ele fez parte da equipe da Alfa Romeo, envolvido na produção de automóveis. Ao mesmo tempo, tentava estabelecer uma nova oficina, mas enfrentou rapidamente outro revés: seu sócio o abandonou e levou consigo todo o dinheiro destinado a esse novo empreendimento.

Em 1926, Américo viu-se sem um negócio e com poucas alternativas. A sorte não estava ao lado da família Romi na capital paulista e novos horizontes eram necessários para alcançar a prosperidade. Assim, entre 1926 e 1929 Américo e sua família decidiram se mudar de São Paulo. Primeiro, estabeleceram-se em Americana, situada a noroeste da capital, e depois mudaram-se para Santa Bárbara d'Oeste. Esses três anos foram fundamentais para a reorganização dos planos de Américo, que sustentou a família trabalhando como mecânico na Chevrolet. Durante esse período, ele estabeleceu contatos, aprofundou seus conhecimentos sobre automóveis e continuou a alimentar, gradualmente, o sonho de se tornar empreendedor.

> Em 3 de setembro de 1929, Romi iniciou o próprio negócio com um capital de apenas dois contos de réis, emprestado por um amigo. Nasceu a Garagem Santa Bárbara de Emílio Romi, firma de propriedade individual, com apenas dois operários em uma área de duzentos e cinquenta metros quadrados. Logo depois da fundação, antevendo os efeitos da Crise de 1929 sobre as importações, Emílio Romi comprou uma grande quantidade de peças para automóveis, tornando-se a maior oficina mecânica da região (MUNARI, 2021, p. 13-4).

O sonho de Américo Emílio permanecia vivo. Mais uma vez, podemos observar o talento empreendedor do jovem ao se preparar para enfrentar a maior crise econômica do século XX.

Com uma equipe reduzida, Emílio mergulhou novamente na gestão de sua oficina, dedicando-se incansavelmente para garantir o sucesso dos negócios. Naquela época, Santa Bárbara d'Oeste contava com pouco mais de 9 mil habitantes. Apesar do público consideravelmente menor em comparação com São Paulo, a oficina começou a prosperar e a se destacar na região.

Aos poucos, clientes de outras cidades começaram a buscar os serviços da oficina. Até 1933, a oficina da família Romi expandiu suas operações: contratou mais funcionários, expandiu as instalações e investiu em uma alternativa à gasolina, que até então era o único combustível disponível para automóveis (Munari, 2021, p. 13). Assim, embora a mudança para o interior pudesse parecer, à primeira vista, um retrocesso na trajetória empresarial de Américo, a estabilidade conquistada em Santa Bárbara d'Oeste permitiu que os negócios de Romi prosperassem e gradualmente se expandissem. Dessa forma, começava uma nova fase na vida empresarial de Américo Emílio Romi, levando-o a se tornar o renomado empresário que conhecemos.

A fábrica dos sonhos de Américo Emílio Romi

Após a Revolução Constitucionalista de 1932, a estabilidade retornou ao estado de São Paulo. Com isso, Américo percebeu uma excelente oportunidade de expansão, que foi sendo desenvolvida entre 1933 e 1935. Durante esse período, Emílio investiu na sua oficina, instalando uma bomba de gasolina (até então a cidade contava apenas com um ponto de abastecimento) e também começou a administrar um negócio de revenda de carros. Essas diferentes iniciativas alimentaram ainda mais o sonho de construir sua própria fábrica no futuro, agora não tão distante. No entanto, antes de estabelecer uma linha de montagem completa, Américo Romi começou fabricando pequenas peças, essenciais para o dia a dia de trabalho. Com o passar do tempo, começou a considerar a produção dessas peças para venda, facilitando a logística de seus clientes. Sobre esse assunto, Brandão destaca:

> Os grandes empreendimentos muitas vezes surgem de uma observação casual ou de uma conversa rápida entre amigos. O empreendedor é aquele que apanha a ideia no ar, projeta, idealiza e a transforma. Em conversa com Emílio, um americano sugeriu:
> – O senhor faz quase todo tipo de peça para arado, e a oficina é bem aparelhada. Por que não fabrica arados completos?
> – Para quê? Os americanos daqui importam dos EUA.
> – É, mas teriam que comprar dos nortistas, e estes ainda são vistos como inimigos.
> – Mas a cidade já tem gente fabricando arados.
> – Só que não fazem semeadeira, adubadeira, grade. Pense nisso (BRANDÃO, 1996, p. 44).

Até então, Américo não havia percebido o potencial que sua pequena fábrica de peças tinha, mas conseguiu transformar a ideia despretensiosa de seu amigo em um negócio próspero. Em 1938, após anos de acumulação de capital, investimentos e construção de uma base sólida para seu negócio, Emílio mudou o nome da oficina, anteriormente conhecida como "Garagem Santa Bárbara", para "Máquinas Agrícolas Romi" (Munari, 2021, p. 14).

No entanto, como competir com fabricantes internacionais que tinham mais experiência, uma ampla rede de contatos e uma reputação consolidada, visto que já estavam produzindo seus produtos há anos e tiveram tempo para aprimorá-los? Para superar essas barreiras, foi necessário enaltecer as excelentes qualidades dos produtos oferecidos por Américo. Nesse sentido, o marketing e a propaganda desempenharam papéis cruciais. O fato de ser um produto 100% nacional ganhou grande importância, especialmente dado o contexto histórico da época, marcado pelo Estado Novo do governo de Getúlio Vargas, que promovia fortes ideais nacionalistas. Nesse período, por exemplo, surgia o incentivo para o desenvolvimento de uma indústria nacional e para a formação de capital humano especializado para trabalhar em fábricas mais avançadas. Portanto, investir em propaganda alinhada a esse discurso nacionalista estava em sintonia com a mensagem amplamente difundida pelos meios de comunicação. O próprio Américo Emílio Romi esteve diretamente envolvido no processo de qualificação da mão de obra, conforme destacado por Brandão:

> Arados, semeadeiras e adubadeiras exigiam pedagogia própria – o país precisava de escolas que ensinassem a manejar esses implementos. Assim, em agosto de 1937, criou-se em Santa Bárbara a primeira escola de aradores e tratoristas. Emílio era o instrutor de mecânica (BRANDÃO, 1996, p. 54).

Diante desse cenário, as principais vantagens de Américo Emílio residiam na divulgação de seus produtos e no estímulo ao consumo nacional. Embora esses critérios para a compra de uma máquina possam ser considerados de menor importância nos dias de hoje, na década de 1930, com a produção limitada e a dificuldade de acesso a alguns fornecedores, adquirir uma máquina fabricada no Brasil e próximo aos grandes centros representava uma conveniência e também um gesto verdadeiramente patriótico. Assim, as máquinas agrícolas da família Romi rapidamente conquistaram popularidade na região, especialmente nas fazendas de café do estado de São Paulo. A partir de Santa Bárbara d'Oeste, a inserção no mercado ganhou novos rumos e, em pouco tempo, clientes de todas as partes do estado começaram a procurar as máquinas Romi.

Os resultados podem ser comprovados por números. Em 1939, a produção da Romi triplicou, o que exigiu a expansão das instalações da fábrica (Brandão, 1996, p. 54). Mas a chegada da década de 1940 revelou que nem tudo eram flores no caminho do empreendedorismo. Após investir em um laminador para a fabricação de lâminas e chapas para arados, o governo brasileiro, até então um grande promotor da indústria nacional, impôs restrições ao uso de petróleo e seus derivados. Para a produção das lâminas eram necessárias quarenta toneladas mensais de óleo, mas, de acordo com as novas regulamentações governamentais, só era possível obter cinco toneladas. Como resultado, uma parte da operação de Américo tornou-se inviável.

O investimento resultou em dívidas, e a fábrica, que havia começado bem, agora enfrentava uma crise. No entanto, há uma antiga sabedoria, oriunda dos estoicos, que nos diz que a crise, na verdade, é uma oportunidade. Assim, em meio ao caos gerado pela situação política, a Romi decidiu mais uma vez inovar e passou a fabricar tornos, algo que não fazia parte da linha de produção da fábrica, mas que estava em alta no Brasil. A ideia, entretanto, não surgiu de Américo, mas sim de Carlos, o filho do primeiro casamento de Olímpia. Após conversar com alguns mecânicos, Carlos identificou a alta demanda pelo produto. Além disso, uma grande vantagem na fabricação dos tornos era o baixo custo em comparação com as lâminas e chapas anteriormente produzidas.

> Até o final de 1941, a Romi fabricara quarenta e poucos tornos. A produção se tornou contínua, em turnos, 24 horas sem parar. Em 1942, com a fábrica racionalizada, chegou aos trezentos. Os tornos eram levantados no barracão de montagem, na General Osório. Uma carreta empurrada por quatro ou cinco homens os conduzia depois à pintura, acabamento e expedição, na Santa Bárbara. Dali embarcavam em caminhão, para o trem da Paulista ou direto para o destino. Pesavam entre setecentos

e oitocentos quilos e eram vendidos a 7 mil dólares cada um (BRANDÃO, 1996, p. 66).

Américo transmitiu sabiamente seus ensinamentos aos filhos, que sempre trabalharam ao seu lado. A ideia de Carlos revelou-se um sucesso, não só pelo volume de vendas dos tornos e seu valor, mas principalmente por ter aberto novos horizontes para Romi.

Diante do período de crise, a fábrica precisava aproveitar ao máximo as oportunidades e, assim, foram estabelecidos turnos de trabalho de 24 horas. Embora seja possível argumentar que o excesso de trabalho poderia ser prejudicial, é importante observar que, para Américo, o investimento nos tornos representava sua tábua de salvação, a iniciativa que garantiria a sobrevivência da fábrica e a superação da crise. Determinado a preservar os empregos de centenas de funcionários e realizar seu sonho, Américo não poupou esforços. Não é surpreendente, portanto, que em apenas três anos a fábrica Romi tenha produzido mil tornos, um feito que parecia impossível com os meios de fabricação da época.

Para manter o ritmo acelerado, a empresa praticamente triplicou o número de funcionários. Em 1943, havia 529 operários em atividade, um salto significativo em relação aos 242 do ano anterior e aos 161 do ano de 1941 (Brandão, 1996, p. 66). Esse crescimento foi impulsionado pela alta demanda e pela necessidade de operações de produção 24 horas na fábrica. Assim, a engrenagem da economia girou rapidamente, permitindo que Américo desse um novo salto em seu sonho de empreendedor.

A segunda metade da década de 1940 trouxe um novo panorama econômico e novos desafios. Com o fim da Segunda Guerra Mundial, as fábricas estadunidenses, anteriormente focadas na produção de material bélico, puderam retomar suas operações usuais. Isso resultou em um aumento na quantidade de produtos e máquinas importadas, o que trouxe uma competição acirrada para Américo. Além disso, o governo brasileiro passou por uma mudança significativa. Após quinze anos no poder, Getúlio Vargas foi deposto, e a presidência foi assumida pelo general Eurico Gaspar Dutra, que governou o país até 1951.

Durante esse período, os tornos eram o principal produto fabricado pela fábrica Romi, com uma produção de aproximadamente 1.700 unidades por ano. No entanto, a alta produção foi reduzida devido à diminuição da demanda pelo produto. No final dos anos 1940, por exemplo, a fábrica Romi estava produzindo cerca de 600 tornos por ano. Diante dessa situação, foi necessário, outra vez, inovar. A solução encontrada por Américo Emílio foi apostar na fabricação de tratores, uma vez que o setor agropecuário continuava em expansão, mas os equipamentos utilizados para a colheita e o plantio não acompanhavam o mesmo ritmo de desenvolvimento. Muitos fazendeiros ainda utilizavam máquinas simples e ferramentas tradicionais, sem considerar a adoção de equipamentos de grande porte para aumentar a produtividade. O progresso industrial, no entanto, não cessava, e, naturalmente, as tradicionais enxadas deveriam ser substituídas pelo grande maquinário, mais eficiente e capaz de potencializar a produção.

Novamente, a Romi assumiu a liderança ao lançar o primeiro trator de fabricação nacional, demonstrando seu compromisso com o desenvolvimento da economia interna e com o sentimento de nacionalismo, conforme observado por Brandão.

> A Romi foi a primeira a fabricá-los no Brasil. O trator inicial era do tipo Lanz-Bulldog, pesado e pouco versátil. Com André Toselo, do Instituto Agronômico de Campinas, desenvolveu-se um projeto mais leve e maleável, multifuncional, para quem não podia comprar várias máquinas. Em 1948, começava a ser fabricado esse primeiro trator de concepção nacional, o Toro (junção dos nomes Toselo e Romi). Importava-se só o motor. Sucesso na mostra industrial do parque da Água Branca, passou com extremo louvor nos testes de homologação realizados

pelo governo de São Paulo e pela Universidade Rural do Rio (BRANDÃO, 1996, p. 74).

A produção de tratores permitiu que Américo e sua fábrica entrassem em um novo mercado, diversificando sua linha de produção. A introdução de um modelo nacional representava um desafio direto à gigante Ford, que naquela época era a principal exportadora de tratores para o Brasil. Oferecer um produto nesse segmento proporcionava mais opções para os clientes, contribuindo assim na redução da dependência de capital estrangeiro.

No entanto, a visão de Américo Emílio Romi ia além de meras considerações financeiras ou estratégias econômicas. Preocupado com o bem-estar de seus funcionários, ele reconhecia que as inovações nos processos de trabalho demandavam cada vez mais trabalhadores qualificados e em boas condições de saúde. Por essa razão, algumas das iniciativas de Américo se tornavam verdadeiros lemas dentro da empresa, pois ele acreditava que a fábrica deveria ser um sonho em conjunto: do patrão e dos funcionários. Dessa forma, investir na saúde e no desenvolvimento intelectual dos funcionários tornou-se uma prática comum na Romi, pois o valor da empresa residia tanto na qualidade de seus produtos quanto na relação com seus colaboradores, como observado por Munari:

> No fim dos anos 40 foi instituída a Caixa Beneficente, destinada a fornecer assistência médica e hospitalar, antecessora dos atuais convênios médicos, opcional para o funcionário, os que se interessavam contribuíam com 1% do salário e a empresa recolhia 2% para cada um; Emílio elaborava um princípio: "O homem, para ser mais útil para si, sua família e seu país, deve saber mais. Só assim valerá mais. Mas, para estar apto a receber mais conhecimento, precisa estar bem de saúde". Era esse o conceito

que nortearia a iniciativa destinada a ser um ramo importante da empresa, a Fundação Romi (MUNARI, 2021, p. 15).

O compromisso social de Américo Emílio Romi é um dos pontos mais marcantes de sua trajetória. Ele se destacava como um membro ativo da sociedade, sempre pronto para contribuir não apenas para si ou sua família, mas para o bem-estar coletivo. Esse espírito de comunidade e de união é inerente ao verdadeiro empreendedor, que compreende que suas inovações não servem apenas a si próprio, mas beneficiam toda a sociedade.

Nesse aspecto, Américo demonstrou ser um verdadeiro mestre. Ele ajudou os funcionários e, como professor de mecânica, contribuiu para a formação de excelentes profissionais. Assim, fica claro que seus interesses iam além das questões puramente econômicas, alcançando também o âmbito político em suas diversas dimensões.

De maneira concreta, Américo chegou a ocupar cargos públicos, como o de prefeito de Santa Bárbara d'Oeste, assumindo o cargo de 1952 a 1955. Durante seu mandato, investiu em escolas, infraestrutura e lazer, transformando a pacata Santa Bárbara da década de 1930 em um importante polo industrial nos anos 1950. Esses avanços foram reconhecidos como benéficos pela comunidade, que concedeu a Américo o título de cidadão barbarense ao término de seu mandato (Munari, 2021, p. 16). Não se deve interpretar esse título como uma formalidade protocolar, algo que qualquer ocupante do cargo teria recebido. Na verdade, é importante destacar que, durante seu mandato, Américo muitas vezes utilizou recursos de sua empresa para financiar projetos políticos, como a construção de escolas e ginásios.

Outro exemplo que evidencia seu compromisso com o bem-estar social é a criação da Fundação Romi. Estabelecida em 1957, uma parte significativa dos recursos de Américo Emílio foi destinada a essa fundação, que ainda hoje se dedica a cuidar de pessoas em situação de vulnerabilidade, especialmente crianças e adolescentes. O compromisso de Américo e Olímpia com essa causa, juntamente de outras iniciativas destacadas, demonstra que sua visão como empreendedor não se limitava a acumular recursos e poder aquisitivo, mas sim a compartilhar esses benefícios com aqueles que mais necessitavam. Essa não era uma simples prática de caridade, mas sim um esforço para capacitar e aprimorar as pessoas assistidas, pois era fundamental formar cidadãos capazes de contribuir para o progresso do país. Sobre esse aspecto, Munari (2021, p. 16) ressalta:

> 1957 foi um ano marcante para Emílio e Olímpia Romi e para a história de Santa Bárbara, foi o ano em que o casal, em um gesto sem precedentes, doou todos os seus bens para a Fundação Romi que haviam acabado de criar. A instituição que se tornou a menina dos olhos de Emílio segundo funcionários antigos.

Com o término de sua carreira política, Américo direcionou seus esforços novamente para a inovação. Seu foco estava na fabricação do primeiro carro nacional, revelando-se um verdadeiro entusiasta das máquinas. O modelo desenvolvido no final dos anos de 1950 foi o icônico Romi-Isetta. Lançado em 1957 e ganhando ainda mais destaque em 1958, esse modelo nacional foi baseado no carro italiano Isetta, fabricado pela empresa Iso. Após ser lançado como "o primeiro automóvel nacional", o Romi-Isetta abriu caminho para outros modelos, como o Gurgel, que surgiria na década de 1960. Mais uma vez, Américo Emílio demonstrou sua capacidade de inovação e se mostrou um empreendedor à frente de seu tempo. Essa característica pode ser observada em algumas diretrizes administrativas que incutiu em seus filhos, os principais sucessores da empresa após sua morte, conforme observado por Brandão (1996, p. 101):

O administrador Emílio procurava incutir conceitos que continuam se ajustando perfeitamente a nossos tempos: (1) nunca se ache em situação de precisar do governo; (2) nunca pegue emprestado em banco – com os juros, acaba falindo; (3) tenha cuidado com o caixa; a empresa pode ser sólida e possuir patrimônio excepcional, mas, se não tiver dinheiro para cobrir obrigações imediatas, qualquer perna-de-pau poderá requerer sua falência.

Esses ensinamentos só poderiam surgir de um gestor experiente. De fato, ao observarmos a jornada empresarial de Américo Emílio, fica evidente que essas lições foram aprendidas após sentir o gosto amargo dos erros e das incertezas. Emílio enfrentou o fracasso de seu primeiro negócio, suportou as desventuras de governos e arriscou seus recursos em empreendimentos de alto risco – experiências que moldaram seus ensinamentos. Portanto, esses conselhos não eram teorias, eram lições aprendidas na prática por esse notável empreendedor. Mesmo diante de todos os percalços, a Romi não só sobrevivia como também prosperava como nunca antes, registrando lucros da ordem de 1 bilhão de cruzeiros, como apontado por Brandão.

O legado de Américo Emílio Romi

Em 15 de março de 1959, aos 53 anos de idade, Emílio Romi partiu desta vida, vítima de uma trombose cerebral. Sua morte deixou Santa Bárbara em choque, e milhares de pessoas acompanharam seu velório. Após uma vida dedicada ao trabalho em todos os seus aspectos, Américo agora descansava.

Muitas vezes, tendemos a associar o legado de um grande empreendedor às suas empresas, fábricas e negócios. Embora esses sejam aspectos tangíveis e importantes, pois impactam a vida de muitas pessoas de maneira direta e indireta, o verdadeiro legado que esses indivíduos deixam no mundo reside em suas virtudes. A disciplina, a perseverança, a humildade e a generosidade resplandecem muito mais do que qualquer riqueza material acumulada ao longo das décadas.

No caso de Américo, tanto a fábrica quanto a Fundação Romi representam legados tangíveis que impactam milhões de pessoas ao longo de suas existências, oferecendo àqueles que mais necessitam a oportunidade de sonhar e construir um futuro promissor.

Anexo

Vista da segunda residência alugada por Américo
Emílio Romi na rua General Osório, 501.
Fonte: CEDOC da Fundação Romi.

Américo Emílio Romi e funcionários das Máquinas Agrícolas Romi LTDA.
Fonte: CEDOC da Fundação Romi.

Senhores próximos ao Trator Tipo Lanz Bulldog fabricado por Máquinas Agrícolas Romi. Fonte: CEDOC da Fundação Romi.

Os atores John Herbert e Eva Wilma em um Romi-Isetta como garotos propaganda do carro. Fonte: CEDOC da Fundação Romi.

Referências

BRANDÃO, Ignácio de Loyola. *Oficina de sonhos:* Américo Emílio Romi, aventuras de um pioneiro. São Paulo: Geográfica Editora, 1996.

CALSANI, Rodrigo de Andrade. *O imigrante italiano nos corredores dos cafezais:* cotidiano econômico na Alta Mogiana (1887-1914). 2010. Dissertação (Mestrado em História) – Faculdade de Ciências Humanas e Sociais, Universidade Estadual Paulista, Franca, 2010.

FUNDAÇÃO ROMI. Centro de Documentação Histórica. Disponível em: https://cdoc.fundacaoromi.org.br/. Acesso em: 14 out. 2023.

HUTTER, Lucy Maffei. *Imigração italiana em São Paulo (1880 - 1889):* os primeiros contatos do imigrante com o Brasil. São Paulo: IEB/USP, 1972.

MARCOVITCH, Jacques. *Pioneiros e empreendedores:* a saga do desenvolvimento no Brasil. São Paulo: Edusp, 2003.

MARTINS, José Pedro Soares. *Fundação Romi 50 anos*. Campinas: Komedi, 2007.

MUNARI, Daniele Alves. *Contribuições do comendador Américo Emílio Romi para a educação da cidade de Santa Bárbara d'Oeste*. 2021. Trabalho de Conclusão de Curso (Licenciatura em Pedagogia) – Universidade Estadual Paulista, Rio Claro, 2021.

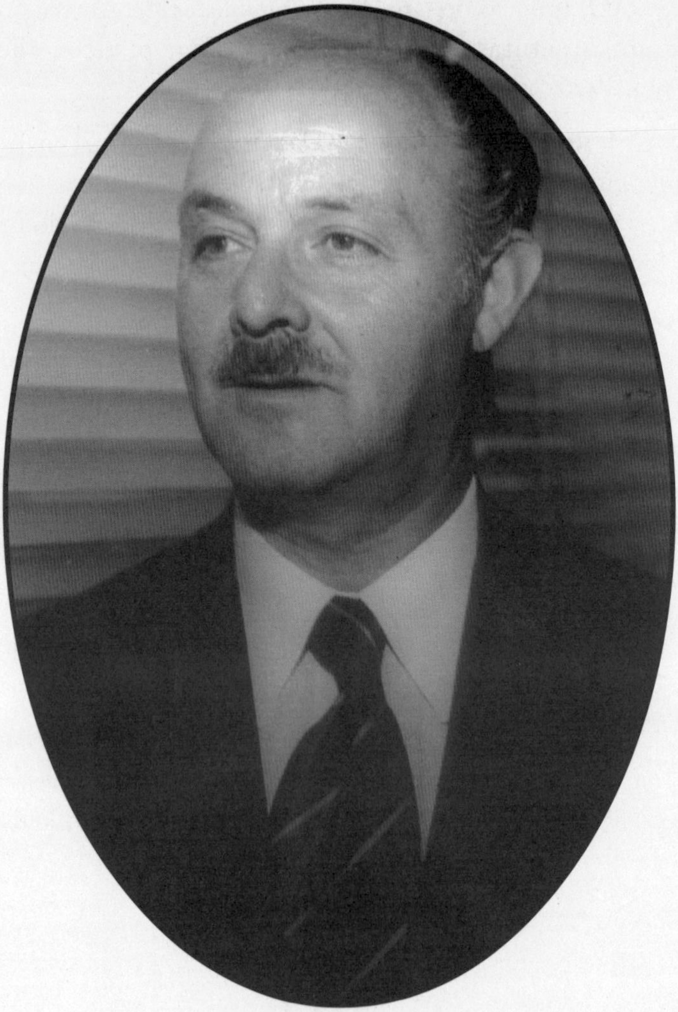

Max Feffer
—
O gênio da celulose

Introdução

Um dos principais desafios em um empreendimento é assegurar sua longevidade. As empresas mais bem-sucedidas no mercado não são necessariamente aquelas com grande capital ou que experimentam uma rápida ascensão, mas sim aquelas que resistem ao teste do tempo. O antigo ditado de que "o tempo prova tudo" também se aplica quando se trata de um negócio, pois os diversos contextos históricos e as flutuações do mercado e da sociedade exigem que o empreendedor construa uma base sólida que não seja facilmente abalada. Para isso, é fundamental enfrentar a prova do tempo e, talvez igualmente importante, adaptar-se às mudanças das gerações.

As estatísticas revelam que 75% das empresas familiares no Brasil acabam falindo quando ocorre a transição de geração, ou seja, quando os herdeiros assumem o controle da empresa[19]. Essa realidade pode ser atribuída a várias razões, desde a falta de preparo para assumir as responsabilidades de gestão empresarial até a falta de habilidade e interesse em dar continuidade ao empreendimento familiar. Além desses motivos, há também a dificuldade em transmitir os valores e a experiência empresarial de uma geração para a outra.

Essa questão perpassa o aspecto técnico e encontra raízes filosóficas que tentam explicá-la. Platão, o filósofo grego do século V a.C., destacou em sua obra *A República* que uma sociedade só pode ser justa quando cada indivíduo desempenha o papel que lhe corresponde, conforme sua natureza e ações. O filósofo levanta um ponto que muitas vezes é ignorado ao discutirmos a transição de gerações em uma empresa: a natureza daqueles que irão assumir o empreendimento. Portanto, além da necessidade de construção

---

19 Para mais informações sobre essa pesquisa, ver: https://www.terra.com.br/noticias/dino/cerca-de-75-das-empresas-familiares-no-brasil-fecham-apos-serem-sucedidas-pelos-herdeiros,c3f1f53b3ae64159c76e8f07b7849c199efn5zf4.html.

de valores e de um conjunto técnico que garanta as habilidades necessárias para o desenvolvimento da empresa a longo prazo, também é fundamental ter uma predisposição empreendedora, que pode ser despertada ou não no decorrer da vida.

Quando consideramos todas essas variáveis na equação da sucessão de gerações, fica claro que não é uma tarefa simples construir uma empresa que perdure por séculos e que sobreviva não apenas às mudanças das intempéries do tempo histórico, mas dos seus próprios regentes. Diante desse dilema, criar uma geração de bons empreendedores pode ser tão raro quanto testemunhar um eclipse total sem nunca ter mudado de cidade.

Embora seja uma raridade, a família Feffer, originária da Ucrânia, conseguiu realizar esse feito com maestria. Nas próximas páginas, discutiremos suas realizações na formação de empreendedores de destaque e principalmente sobre aquele que revolucionou a empresa familiar e a elevou ao status de uma das principais multinacionais estabelecidas no Brasil. Estamos nos referindo a Max Feffer, o visionário empresário que transformou os rumos da indústria de celulose no mundo.

Os Feffer e sua chegada ao Brasil

Não é possível contar a história de Max Feffer sem nos referirmos à trajetória da sua família, principalmente a de seu pai, Leon Feffer. Os esforços e a visão desse empreendedor foram fundamentais para estabelecer referências e orientar Max na administração da gigante Suzano já na década de 1950, quando assumiu o controle da empresa. No entanto, para compreender plenamente esse contexto, é necessário entender como os Feffer chegaram ao Brasil.

A família Feffer tem sua origem na Ucrânia. Embora saibamos que Leon Feffer, o patriarca e fundador da Suzano, tenha chegado ao Brasil em 1920, a história da imigração dessa família apresenta particularidades distintas das que vimos até agora. Isso se deve ao contexto histórico da Ucrânia, que se diferencia dos demais países de origem dos outros empreendedores. Para compreendermos isso é necessário retroceder no tempo e examinar os eventos que culminaram na Revolução Russa, ao final da Primeira Guerra Mundial (1914-1918).

A Grande Guerra, como foi chamada em sua época, foi um conflito bélico de proporções globais, uma vez que as potências envolvidas possuíam colônias na Ásia, América e África. Consequentemente, os efeitos da guerra eram sentidos em todo o mundo, direta ou indiretamente. Um desses países era a Rússia, então governada pelo regime czarista e caracterizada por uma monarquia constitucional. O Império Russo, como era chamado, enfrentava grandes conflitos internos devido à guerra e a uma série de fatores políticos, sociais e econômicos. Nesse contexto, a população revoltou-se contra seus governantes, culminando na Revolução de Fevereiro de 1917 e na subsequente queda do regime czarista. A família do czar Nicolau II foi deposta do poder e posteriormente assassinada, marcando o início de um novo capítulo na história da Rússia.

Durante esse período, um conflito interno na Ucrânia dividiu o país, resultando na formação de diferentes exércitos que entraram em guerra entre si. Essa guerra ficou conhecida como a Guerra de Independência da Ucrânia[20], e todos esses conflitos foram marcados por violência e batalhas sangrentas.

A Ucrânia, que fazia parte do Império Russo naquele período, nunca foi uma região pacífica diante dos desmandos do governo. Caracterizada por um espírito rebelde, os ucranianos aproveitaram a instabilidade do Império para buscar sua independência, desencadeando um novo conflito interno. Entre 1918 e 1921, os

---

20 Para mais informações sobre esse conflito, indicamos o livro *Ucrânia: história e geopolítica*, de Italo Barreto Poty.

ucranianos conseguiram se libertar do domínio imperial e foram reconhecidos pela União Soviética como uma região autônoma, mas acabaram sendo anexados novamente em 1922.

A família Feffer encontrava-se inserida nesse cenário caótico, que vai muito além de uma simples insatisfação econômica ou política. Diante disso, emigrar não era uma questão de buscar uma nova perspectiva de vida, mas sim de sobrevivência. Leon Feffer chegou ao Brasil acompanhado dos irmãos e da mãe. Mas por que o Brasil?

A resposta é relativamente simples. Em 1910, seu pai, Simpson Feffer, já havia emigrado para as terras brasileiras, trabalhando em São Paulo e Mato Grosso. Na época, a preocupação de Simpson não era necessariamente a guerra, mas sim o antissemitismo, que já se mostrava um flagelo pernicioso na Europa. Assim, para garantir a segurança de sua família, ele decidiu construir um patrimônio nos trópicos, e, dez anos depois, trouxe sua família. É provável que os eventos ocorridos na Ucrânia tenham servido como catalisador para antecipar a vinda de Leon e do restante da família.

O nascimento da Suzano: o início do sonho dos Feffer

Com apenas 18 anos na época, o jovem Leon Feffer precisou recomeçar sua vida em terras estrangeiras. Ele e a família se estabeleceram como comerciantes em São Paulo. Começaram com uma fábrica de velas, mas o negócio não obteve sucesso. Em parte, o fracasso se deveu ao avanço da rede elétrica em toda a região paulistana, o que reduziu drasticamente a demanda por velas. Diante da falta de mercado, foi necessário redirecionar esse investimento.

O erro inicial de Leon foi não ter analisado o contexto em que estava inserido, revelando uma visão limitada dos negócios. É compreensível que, como um jovem recentemente chegado a um novo país, ele enfrentasse barreiras culturais e linguísticas que dificultavam sua integração e compreensão do ambiente social. Esses fatores internos podem explicar o erro de cálculo de Leon Feffer, mas também serviram como impulso para seu novo e mais bem-sucedido empreendimento: a Suzano Papel e Celulose.

O surgimento da Suzano representou, acima de tudo, uma aposta audaciosa e bem-sucedida no mercado internacional. Se na primeira tentativa de empreendimento Leon havia falhado em sua análise de mercado e visão de longo prazo, com a Suzano a história foi diferente. Isso por causa do período entre as guerras mundiais, que durou dos anos 1920 até 1939. Após o conflito mundial, a oferta de diversos produtos estava comprometida, uma vez que a maior parte da indústria mundial estava dedicada ao esforço de guerra e à produção de armamentos. Portanto, o mundo pós-guerra enfrentava uma escassez de vários produtos, incluindo papel. Inicialmente, entrar no mercado atuando na distribuição desse produto era uma forma de testar suas potencialidades. Desse modo, seguindo o caminho do comércio, os Feffer se organizaram e, sob a liderança de Leon Feffer, começaram a explorar o ramo da celulose.

Assim, Leon Feffer dá início à trajetória de sucesso da Suzano, uma empresa que hoje alcança a marca centenária.

> A Suzano foi fundada em 1924, na cidade de São Paulo, por Leon Feffer, imigrante ucraniano, sob a denominação de Leon Feffer Distribuidora de Papel, com o objetivo inicial de comercialização de papel. Em 1929, Leon Feffer amplia os negócios com a instalação de uma tipografia e uma pequena fábrica de sacos de papel, mudando a razão social da empresa para Leon Feffer e Companhia (FAGUNDES *et al.*, 2012, p. 222-3).

Podemos caracterizar esse estágio inicial como a primeira fase da empresa, durante a qual se concentrava no comércio e na estruturação do empreendimento. Nesse período, o jovem Max

Feffer tinha apenas 3 anos de idade e ainda não tinha conhecimento sobre o empreendimento que eventualmente herdaria e transformaria. No entanto, o fato de crescer observando o pai trabalhar na empresa, lidando com dilemas e enfrentando desafios para aumentar lucros e produtividade, certamente contribuiu para moldar sua inclinação para os negócios.

Essa abordagem é essencial para compreendermos a trajetória desse notável empreendedor, uma vez que reconhecemos que grande parte de nossa formação ocorre nos primeiros anos de vida. Como primogênito, Max esteve presente em praticamente todos os momentos da história da Suzano e naturalmente se envolveu no empreendimento familiar, assumindo responsabilidades aos poucos até alcançar o mais alto escalão da hierarquia empresarial. Mas estamos nos adiantando em nossa narrativa.

Em 1929, o mundo foi abalado por uma grande crise: o colapso da Bolsa de Valores de Nova York. Esse evento teve impacto direto e indireto em todas as economias globais. Primeiro porque os anos 1920 foram caracterizados por um rápido crescimento econômico dos Estados Unidos, que havia emergido da Primeira Guerra Mundial como a principal potência mundial, e, com uma série de relações e parcerias comerciais estabelecidas, o que afetava os Estados Unidos inevitavelmente repercutia em outros países. O Brasil não escapou dessa dinâmica. A instabilidade econômica gerada pelo cenário global desencadeou uma profunda crise, apresentando desafios significativos para os empreendimentos de Leon Feffer. A distribuidora de papel atendia a fábricas em São Paulo, que estavam diretamente ligadas à economia internacional. Assim como um castelo de cartas, o colapso de uma das peças desencadeou o desmoronamento de todas as outras.

Além disso, no mesmo ano de 1929, uma das principais fábricas de papel foi devastada por um incêndio, resultando em uma queda drástica na produção e agravando ainda mais a situação do mercado. Conforme Élida Gagete relata no livro *Ecofuturo* (2018, p. 25):

A capacidade empreendedora de Leon foi posta à prova durante a crise de 1929. As dificuldades da economia do País afetaram empresas de todos os setores, entre elas uma conhecida fábrica de papel de São Paulo, que ainda por cima havia sido atingida por um incêndio. Os donos decidiram deixar o negócio e colocaram à venda o estoque de papel avariado a um preço muito baixo, praticamente de custo. Eram grandes bobinas chamuscadas externamente, mas Leon sabia que era muito provável que estivessem intactas na parte interna. Levantou um empréstimo, arrematou o estoque e, de fato, aproveitou cerca de 80% do papel. Com o bom lucro obtido, adquiriu um equipamento alemão que transformou seu negócio numa das maiores e prósperas fábricas de envelopes do País.

Podemos considerar esse evento como um dos primeiros momentos decisivos para a Suzano, pois marcou uma mudança significativa mesmo em meio a uma forte crise econômica. A visão de longo prazo de Leon Feffer e sua habilidade nos negócios começaram a posicionar a empresa na direção certa. Dez anos após esse acontecimento, em 1939, Leon Feffer estabeleceu a primeira fábrica de papel do tipo offset, voltada para impressões. No entanto, foi na geração seguinte, sob o comando de Max Feffer, que a Suzano se transformaria na grande multinacional da celulose. É precisamente nesse ponto que a história do nosso destacado empreendedor começa a se desenhar.

Max Feffer e a revolução da celulose

Meu pai costumava dizer que desenvolveu a celulose de eucalipto por ignorância. Ele brincava, mas acho que tinha um "fundinho" de verdade. [...] Max sempre foi uma pessoa muito criativa, gostava de quebrar paradigmas, gostava de pensar coisas que não eram padrão, que não eram normalmente pensadas. E, se envolvendo com esse grupo de pessoas que estava trabalhando em busca de uma solução para a matéria-prima, ele – justamente por não saber que o eucalipto não se prestava à fabricação da celulose para papel de imprimir e escrever – resolveu incluí-lo nas fibras que estavam sendo testadas (Feffer *apud* Gagete, 2018, p. 26).

As palavras acima foram proferidas por David Feffer, atual diretor-presidente da Suzano e filho de Max Feffer. Embora possamos considerar essa declaração como algo comum entre pai e filho, e até mesmo questionar sua imparcialidade, é importante destacar o valor da perspectiva de alguém que conviveu tão de perto com esse empreendedor para compreender suas características. A criatividade, como enfatizado por David, é um elemento fundamental para o sucesso de um empreendedor, pois é dela que surge a inovação. A missão de Max na trajetória de sucesso da Suzano foi tornar viável a produção de papel em uma escala internacional, algo que, na época, era praticamente inviável para o Brasil. Vamos agora explorar essa história mais a fundo.

Como mencionado anteriormente, Max Feffer foi o primogênito do casal Leon e Antonieta Feffer. Nascido em 11 de dezembro de 1926, Max cresceu observando seu pai dedicar-se à distribuição e fabricação de papel. Embora haja poucas informações sobre sua infância, é razoável presumir que Max tenha sido um estudante dedicado e que, naturalmente, devido à presença da família no ramo, tenha desenvolvido interesse nos empreendimentos do pai. Em 1939, quando a construção da primeira fábrica da Suzano começou a ser planejada na cidade de São Paulo – só foi inaugurada em 1941, quando estava concluída –, Max tinha apenas 13 anos de idade.

Foi somente no final dos anos 1940 que Max Feffer começou a se envolver diretamente com a história da Suzano. Nesse meio tempo, ele se formou em engenharia civil, embora nunca tenha exercido a profissão de engenheiro. Suas habilidades de gestão e pesquisa, próprias de uma mente que busca por respostas, levaram-no a receber a missão, nos anos 1950, de encontrar uma solução para os desafios enfrentados pela indústria de celulose.

Para compreender a importância da descoberta de Max Feffer é fundamental entender, ainda que resumidamente, como a celulose era obtida antes dos anos 1950. Até então, a maior parte da celulose era extraída do pinho, uma árvore da região sul do país. No entanto, devido à sua distribuição geográfica limitada e às suas características que não se adaptavam facilmente a outras regiões do Brasil, o uso do pinho para produção contínua de celulose era inviável. Como resultado, a solução era a importação da matéria-prima para produção de papel, o que encarecia o processo e impedia o crescimento acelerado da empresa.

Outro fator que influenciou diretamente a busca por uma nova fonte de extração da celulose foi a Segunda Guerra Mundial, que afetou o mundo entre 1939 e 1945. Como as empresas dependiam da importação desse material, a guerra desviou os recursos econômicos para a indústria bélica, limitando a disponibilidade de celulose para exportação. Isso fez com que empresas como a Suzano enfrentassem uma estagnação na produção em um momento em que estavam se expandindo rapidamente. Por exemplo, é fato que a Suzano triplicou suas importações de celulose no início dos anos 1940, não pela oferta abundante do material, mas pelo crescimento da empresa com a instalação da fábrica.

> Por antever dificuldades relativas à importação de papel com o advento da Segunda Mundial, em 1939 a empresa decide instalar uma fábrica para produzir e comercializar seu próprio produto. No entanto, continua dependente da importação de matéria-prima, a celulose de pinus. Em 1942, a fábrica, já operando em larga escala, tem sua produção triplicada. Entretanto, devido à dificuldade na importação de matéria-prima em virtude da guerra, Leon Feffer decide iniciar pesquisas sobre matérias-pri-

mas alternativas visando a produção de celulose (FAGUNDES *et al.*, 2012, p. 223).

É nesse cenário que encontramos o jovem Max Feffer. Encarregado de encontrar uma solução para ampliar o empreendimento da família, ele iniciou a busca por uma nova maneira de extrair celulose de uma árvore que se adaptasse mais facilmente. Max mergulhou em suas pesquisas e, após quatro anos de trabalho árduo, encontrou, em 1954, uma alternativa viável para a Suzano: o eucalipto. A descoberta, embora Max Feffer brinque ao afirmar que foi por "acaso", é na verdade resultado de testes e persistência. Uma das principais vantagens do eucalipto, além do investimento em tecnologia para extrair a celulose, foi o fato de essa espécie arbórea ser encontrada em abundância na região sudeste, facilitando a logística e solucionando o problema de adaptação da espécie à região. Como as fábricas da Suzano já estavam operando na região de São Paulo, isso se tornou um fator positivo para apostar no eucalipto.

Apesar do sucesso na pesquisa, a Suzano só passou a utilizar 100% da celulose do eucalipto em seus papéis em 1961, visando garantir a qualidade sem correr riscos desnecessários. Dessa forma, Max Feffer, com sua criatividade e prudência, alcançou um feito inimaginável até então: tornar o Brasil um exportador de celulose. De acordo com Gagete (2018, p. 30):

> Alguns anos depois de Max Feffer desenvolver o processo de produção de celulose a partir do eucalipto, a tecnologia seria utilizada por todo o setor no Brasil, fazendo com que o País deixasse sua condição de dependência de importações para se transformar em um dos maiores exportadores mundiais de celulose.

Aqui encontramos a essência de um verdadeiro empreendedor: a capacidade de transformar a realidade por meio de suas inovações. Embora alguns possam questionar o legado de Max Feffer por ser visto como um continuador dos empreendimentos do pai, tal argumento não se sustenta diante do fato de que as descobertas de Max permitiram que a Suzano alcançasse um patamar multinacional, posicionando-se como a principal empresa de papel e celulose da América Latina. É claro que esse feito não foi realizado individualmente; muitas mãos colaboraram para a descoberta do eucalipto, e a participação de Leon Feffer, como diretor-presidente da empresa, foi fundamental nesse processo de inovação. Mas o brilhantismo criativo de Max foi a pedra angular desse desenvolvimento, que permitiu colocar o Brasil como referência em inovação e produção de celulose.

Ao longo da década de 1960, a Suzano experimentou um crescimento inimaginável, graças à sua nova tecnologia. Além disso, diversos fatores externos contribuíram para a criação de um ambiente propício à expansão dos negócios da família Feffer. Entre eles, destaca-se a política econômica brasileira adotada ao longo das décadas de 1960 e 1970, que estava voltada para o estímulo à indústria nacional e ao desenvolvimento de novos empreendimentos. Assim, em um intervalo de apenas dez anos, a empresa não só se consolidou como uma gigante nacional como também expandiu suas operações para além das fronteiras, passando a exportar celulose para outros países e conquistando posição de destaque no mercado internacional.

Max Feffer desempenhou um papel central nessa expansão. Como vice-presidente da empresa, era o braço direito de seu pai, Leon, e um dos principais articuladores da Suzano.

> Aos poucos as resistências iniciais foram sendo vencidas e em alguns anos a celulose de eucalipto acabou assimilada tanto pelo mercado brasileiro como pelo internacional (em 1964 a Suzano realizou a primeira exportação), o que colocou a empresa dos Feffer em posição de liderança e impulsionou sua expansão

entre os anos 1960 e 1970. Nesse período, que correspondeu à fase de grande crescimento do País durante o chamado "milagre econômico", a Suzano se transformou em um conglomerado empresarial, diversificando sua atuação para outros setores, como a petroquímica. Conforme a estrutura corporativa tornou-se mais complexa, Max caminhou naturalmente para substituir Leon, embora com a certeza da necessidade de estabelecer uma gestão profissional (GAGETE, 2018, p. 31).

O extraordinário feito de Max Feffer, no entanto, não o impediu de buscar novos desafios profissionais, os quais não se limitaram à Suzano nem se restringiram à indústria da celulose. Reduzir sua capacidade individual a uma única descoberta é reduzir sua capacidade individual a um só aspecto de sua vida. Na verdade, Max Feffer revelou-se muito mais do que um empreendedor nos moldes tradicionais do termo, visto que sua atuação foi muito mais ampla e abrangente, refletindo um comprometimento com as dores e os dilemas da sociedade em que viveu. Sua trajetória nos conduz precisamente por esse percurso.

Um empreendedor que unificou mundos

Entre 1976 e 1980, Max Feffer recebeu o convite para assumir a Secretaria de Cultura, Ciência e Tecnologia do estado de São Paulo. Durante esse período, dedicou-se ao serviço público, o que naturalmente reduziu sua participação na Suzano. Embora para alguns essa decisão possa parecer equivocada, argumentando que como futuro presidente da empresa os esforços de Max deveriam estar exclusivamente voltados para o empreendimento, a história revela que a experiência adquirida no setor público proporcionou a Max Feffer uma visão mais ampla sobre como gerir a empresa, que continuava a expandir a cada ano.

Como secretário, Max Feffer teve contato direto com os desafios enfrentados pelo estado, levando-o a desenvolver uma compreensão mais profunda das questões sociais. Esse aprendizado se refletiu nas diretrizes adotadas pela empresa durante a década de 1980 até os dias atuais, em que a preocupação com questões sociais tornou-se uma das principais orientações da Suzano. Assim, os anos dedicados ao serviço público não foram um exercício burocrático, mas sim uma verdadeira escola que enriqueceu a visão desse grande empreendedor, como aponta Gagete (2018, p. 31):

> A experiência como gestor público apurou a percepção de Max sobre questões sociais e ampliou sua capacidade empreendedora. A partir da década de 1980, essas qualidades fariam toda a diferença na grande expansão do Grupo Suzano, sem perder de vista os valores e práticas herdados de Leon.

Talvez uma das principais qualidades de um empreendedor de sucesso seja esta: a capacidade de unir mundos. Muitas vezes, costumamos ver a vida de forma compartimentada, como se existissem blocos separados que podem ou não se encaixar. Isso nos leva a acreditar que nossa vida profissional e pessoal são entidades distintas. No entanto, ao adotarmos uma abordagem mais integradora, podemos unir essas diferentes esferas de experiência e aplicá-las de maneira complementar em nossa jornada. Esse tipo de integração tem se tornado cada vez mais raro, mas Max Feffer foi um mestre em demonstrar como isso pode ser feito. Ele mostrou que desenvolver uma vida cultural, envolvendo-se em diversas formas de apoio social, não entra em conflito com a busca pela excelência na produção e expansão da Suzano. Nesse sentido, Gagete destaca algumas importantes contribuições de Max Feffer no campo cultural e social de sua época:

> Max Feffer foi um dos maiores incentivadores da Associação Novo Teatro de São Paulo, que ajudou a criar em 1988. Também foi

membro do conselho curador da Fundação Padre Anchieta entre 1987 e 1995 e dirigiu o Museu de Arte de São Paulo (Masp) no biênio 1994-1995. No âmbito social, dedicou-se tanto a instituições relacionadas à comunidade judaica – Federação Israelita do Estado de São Paulo, clube A Hebraica, Hospital Albert Einstein, Colégio Renascença e Instituto de Tecnologia ORT São Paulo, entre outras – quanto a entidades ligadas à cultura e ao apoio social, como a Sociedade Cultura Artística e a Fundação para o Livro do Cego no Brasil (GAGETE, 2018, p. 32).

As conquistas de Max Feffer extrapolaram os limites da economia, evidenciando que um verdadeiro empreendedor é aquele capaz de criar e inovar, independentemente da área de atuação ou dos lucros envolvidos. Sua destacada atuação fora da Suzano evidencia que seu sucesso empresarial não é simplesmente uma herança genética, como alguns podem supor, ao atribuírem seu êxito ao legado de seu pai, Leon. Max Feffer demonstra que se tornar um empreendedor de destaque não está diretamente ligado às circunstâncias de nascimento, mas sim à maneira como se aproveita as oportunidades ao longo da vida.

É importante destacar isso, pois é uma crítica frequente a muitos empreendedores que vêm de empresas familiares. Há uma percepção comum de que os herdeiros de um império, como no caso da Suzano, pouco ou nada precisaram fazer para alcançar o sucesso. Embora haja alguma verdade nessa afirmação, é importante reconhecer que gerenciar uma empresa desse porte requer habilidade e conhecimento significativos. No mundo atual, caracterizado por mudanças rápidas, um líder desconectado da gestão e pouco familiarizado com o empreendimento que comanda corre o risco de levá-lo à ruína em pouco tempo. Portanto, herdar o legado familiar não basta; é essencial saber administrá-lo.

Possivelmente por essa razão, Leon Feffer, enquanto ainda estava à frente da Suzano, contratou o executivo Boris Tabacof.

Tabacof assumiu a presidência do conselho de administração da Suzano com a missão de aprimorar a gestão da empresa e profissionalizar os executivos em seus respectivos cargos. Sob a liderança de Boris, Max Feffer teve a oportunidade de adquirir conhecimento teórico e prático, o que contribuiu para a sua própria formação e garantiu que a sucessão da Suzano estaria em mãos competentes. Esse movimento foi de suma importância para a empresa, que experimentou um significativo avanço em suas operações ao longo da década de 1980. Conforme destacado por Fagundes *et al.* (2012, p. 224):

> Em 1980, dá-se a abertura do capital social da Suzano, conferindo-lhe o feito de ser a primeira companhia nacional do setor a comercializar ações na Bolsa de Valores. Em 1983, a Indústria de Papel Leon Feffer, a Indústria de Papel Rio Verde e a Cia. Suzano Papel e Celulose são unificadas sob a denominação de Cia. Suzano de Papel e Celulose, resultando na maior empresa brasileira na produção de papéis de imprimir e escrever e cartões para embalagens a partir da celulose de eucalipto. Objetivando expandir sua atuação para outras regiões, em 1987, a partir de uma *joint-venture* entre a Suzano e a Companhia Vale do Rio Doce, é criada a Bahia Sul Celulose S.A., em Mucuri (BA), o que implicou o aumento de sua inserção no mercado externo de celulose e papéis *commodities*.

Todas essas expansões ao longo da década de 1980, porém, não vieram sem consequências. Se por um lado foi estrategicamente vantajoso ampliar os negócios utilizando a celulose de eucalipto, o que permitiu à Suzano tornar-se uma gigante brasileira no mercado de papel; por outro, com o desmatamento de vastas áreas de floresta nativa para a plantação em larga escala de uma única espécie, o eucalipto, houve o surgimento do fenômeno conhecido como "deserto verde". Esse modelo de monocultura impactou negativamente a diversidade biológica e levantou preocupações significativas sobre a sustentabilidade ambiental dentro da empresa.

Ciente das demandas de seu tempo, Max Feffer destacou-se como pioneiro nos programas de sustentabilidade da empresa, uma temática que atualmente detém extrema relevância. Graças à sua visão antecipada, a Suzano desenvolveu uma cultura sólida e implementou diversas ações voltadas para a preservação do meio ambiente.

Levando em conta que nas décadas de 1980 as questões ambientais estavam apenas começando a ganhar destaque no Brasil e no mundo, é notável que Max Feffer tenha antecipado o impacto social que isso acarretaria. Por isso, ainda nessa época, a Suzano implementou um programa de sustentabilidade visando mitigar os danos ambientais causados por sua produção, conforme mencionado por Gagete (2018, p. 37):

> A indústria de papel e celulose já foi vista como uma das mais poluidoras entre todos os setores, atrás apenas do químico, assim como era senso comum considerar que poupar papel era salvar florestas. No entanto, nas últimas décadas, os avanços tecnológicos dos processos industriais e da silvicultura, associados ao crescimento da demanda por madeira e a necessidade de se aliviar a pressão sobre os remanescentes florestais nativos, foram mudando esta visão. Algumas críticas, porém, davam conta que plantações de eucalipto se configuravam como "desertos verdes". O divisor de águas da questão ambiental na Suzano, porém, foi a criação da Divisão de Recursos Naturais (DRN) em 1988.

A DRN foi uma iniciativa liderada por Max Feffer em colaboração com seu pai, Leon. Desde os anos 1970, Leon Feffer havia decidido que o filho seria seu sucessor no cargo, mas, embora grande parte das operações da Suzano fossem conduzidas por Max, ele ainda ocupava o cargo de presidente. Esse cenário só mudaria em 1999, com o falecimento de Leon. Por que destacar esse detalhe organizacional? Para compreendermos que um empreendedor de sucesso não se forma apenas quando assume o cargo mais alto em uma empresa. Mesmo com um "chefe", foi graças às diversas inovações de Max que a Suzano prosperou e se destacou continuamente em várias áreas dentro de seu setor, desde avanços tecnológicos até questões ambientais.

No trecho citado, observamos que a Suzano estava significativamente à frente no que diz respeito às questões ambientais. Enquanto a Eco-92, uma importante conferência sobre o meio ambiente, surgiu nos anos de 1990 – em decorrência de uma preocupação governamental –, no setor privado essa discussão ganhou relevância apenas no início do século XXI. Porém, muito antes disso, a Suzano já demonstrava sua preocupação com essas questões. Isso se deve, em parte, aos impactos ambientais causados pelo processo de produção de celulose, que afetam diretamente as florestas e as comunidades locais. Percebendo os impactos e reconhecendo a importância da preservação ambiental, a iniciativa liderada por Max Feffer em 1988 solidificou-se ao longo de três décadas de existência. Atualmente, a Suzano é uma das principais empresas nacionais comprometidas com a sustentabilidade, tendo inclusive esse compromisso como um de seus valores fundamentais.

Max Feffer demonstrou por meio desse projeto que não é suficiente para uma empresa ser lucrativa e gerar recursos e empregos; é igualmente importante desenvolver-se em outras áreas, como o social e o ambiental. Uma empresa que amplia suas áreas de atuação deve, dentro dessa perspectiva, também expandir seus impactos em outras esferas da sociedade.

Nessa linha de raciocínio, em 1999 foi fundado o Instituto Ecofuturo, uma iniciativa da Suzano mantida até hoje, destinada a aumentar seu impacto social e ambiental no Brasil. Com iniciativas como "as Bibliotecas Comunitárias e a gestão do Parque das Neblinas, seu objetivo é transformar a sociedade por meio da promoção da leitura e da conservação ambiental"[21].

---

21 Citação disponível em: https://www.suzano.com.br/suzano/historia.

Como observamos, ao longo de sua trajetória empresarial Max Feffer não só impulsionou o aspecto econômico que permitiu o crescimento da Suzano como também a tornou uma peça fundamental no desenvolvimento social de várias regiões do Brasil. Hoje, estados como Maranhão, São Paulo, Espírito Santo, Bahia e Mato Grosso do Sul abrigam fábricas da Suzano, as quais geram empregos e renda, promovendo o crescimento das cidades onde estão instaladas e das comunidades vizinhas. Dessa forma, o grande empreendedor da indústria de celulose percebeu que uma empresa é mais do que uma fonte de receita ou um negócio isolado, é um agente de transformação na realidade social em que está inserida.

O legado de Max Feffer

No ano de 1999 a família Feffer enfrentou uma significativa perda: Leon Feffer, o patriarca do império da Suzano, faleceu aos 97 anos. Mesmo em idade avançada, Leon mantinha interesse em sua empresa e ocupava, ainda que de forma condecorativa, o cargo de presidente. Na prática, ao longo das décadas de 1980 e de 1990, Max Feffer emergiu como o principal gestor do conglomerado de empresas que englobava a Suzano.

Como foi dito, somente em 1999, aos 72 anos, Max Feffer ascendeu ao cargo de presidente da Suzano, embora já desempenhasse esse papel há muito tempo. Nesse ponto de sua jornada, já haviam transcorrido 50 anos de dedicação à empresa, ocupando diversas posições dentro da hierarquia de gestão. Contudo, seria correto afirmar que somente agora, ao alcançar a posição de liderança máxima na Suzano, Max Feffer se tornou um verdadeiro empreendedor? Claramente não, pois nossa identidade e modo de agir não são determinados pelo cargo que ocupamos. Max Feffer assegurou com êxito a transição geracional na empresa, pois foi moldado ao longo de décadas para uma gestão profissional, tendo conquistado seus méritos por meio de resultados e não apenas por sua ascendência familiar.

Conforme destacado anteriormente neste capítulo, uma das etapas mais desafiadoras para uma empresa familiar é a transição entre gerações. Max Feffer conseguiu, por meio de seu esforço, tornar-se um empreendedor exemplar, assim como seu pai Leon, o que assegurou a continuidade bem-sucedida da Suzano. Sua criatividade, perseverança e coragem para enxergar a empresa para além dos aspectos puramente econômicos foram fundamentais para que a Suzano se tornasse respeitada por seus resultados, influência global e, principalmente, por sua cultura empresarial e contribuições para a sociedade. Dessa forma, a família Feffer, em especial Max, evidenciou – e continua a evidenciar – que uma empresa não é meramente um empreendimento a ser administrado, mas sim uma entidade capaz de gerar inovações e transformar realidades, independentemente do contexto em que se insere.

Em 2001, contudo, após dois anos à frente da Suzano, Max Feffer veio a falecer aos 74 anos de idade, vítima de um infarto fulminante. Sua súbita partida deixou a presidência da Suzano sob a responsabilidade de seus filhos, David e Daniel Feffer, marcando assim o início da terceira geração na gestão da empresa. Embora seu tempo como diretor tenha sido breve, Max não precisava mais provar seu valor perante a empresa, sendo lembrado até hoje como um dos principais impulsionadores da Suzano. Max Feffer transformou sua própria vida e a de sua família, impactando positivamente a vida de milhões de brasileiros e contribuindo significativamente para o desenvolvimento da indústria de celulose. Por todas essas realizações e muitas outras que foram apresentadas, seu nome com certeza está entre o dos maiores empreendedores da história do Brasil.

Anexo

Parque Max Feffer, construído em homenagem ao empreendedor, na cidade de Suzano. Foto: Wanderley Costa/ Secretaria Municipal de Comunicação Pública. Prefeitura de Suzano.

Fábrica da Suzano, 1971. Foto: Imagem cedida pelo Centro de Documentação e Memória da Suzano S.A.

Max Feffer. Foto: Imagem cedida pelo Centro de
Documentação e Memória da Suzano S.A.

Referências

A MAIOR produtora mundial de celulose: a história da Suzano. 2023. Publicado pelo canal Histórias Empreendedoras. Disponível em: https://www.youtube.com/watch?v=ivRZS_ozO7c. Acesso em: 23 maio 2024.

DO ZERO AO TOPO: Suzano: as lições da família que construiu uma gigante mundial. 2020. *Podcast*. Disponível em: https://www.infomoney.com.br/negocios/suzano-david-feffer-detalha-trajetoria-e-licoes-da-familia-que-construiu-uma-gigante-mundial-em-podcast. Acesso em: 10 nov. 2023.

FAGUNDES, Mayra Batista Bitencourt; VIANA, Carla Christina de Oliveira; SAUER, Leandro; FIGUEIREDO, Jeovan de Carvalho. As estratégias de internacionalização da indústria brasileira de papel e celulose sob a ótica do paradigma eclético: estudo de caso da empresa Suzano Papel e Celulose. *Revista Ibero-Americana de Estratégia*, São Paulo, v. 11, n. 3, p. 205-233, 2012.

GAGETE, Élida. *Ecofuturo:* a vida que a gente quer. São Paulo: Ecofuturo, 2018.

LEON Feffer. 2020. Publicado pelo canal Pioneiros [edu]. Disponível em: https://www.youtube.com/watch?v=9DAZpZleWws. Acesso em: 23 maio 2024.

O EXPLORADOR. Max Feffer, empresário do ramo de papel e celulose, foi diretor-presidente do grupo suzano. 2010. Disponível em: https://www.oexplorador.com.br/max-feffer-1926-2001-empresario-diretor-presidente-do-grupo-suzano-do-ramo-de-papel-e-celulose. Acesso em: 15 nov. 2023.

PIONEIROS E EMPREENDEDORES. Leon Feffer. Disponível em: https://pioneiros.fea.usp.br/leon-feffer. Acesso em: 3 nov. 2023.

POTY, Italo Barreto. *Ucrânia*: história e geopolítica. Editora Dialética, 2022.

SUZANO. História. Disponível em: https://www.suzano.com.br/suzano/historia. Acesso em: 23 maio 2024.

THE CAPITAL ADVISOR. Família feffer: conheça a história dos donos da Suzano. 2023. Disponível em: https://comoinvestir.thecap.com.br/familia-feffer-conheca-a-historia-dos-donos-da-suzano. Acesso em: 14 nov. 2023.

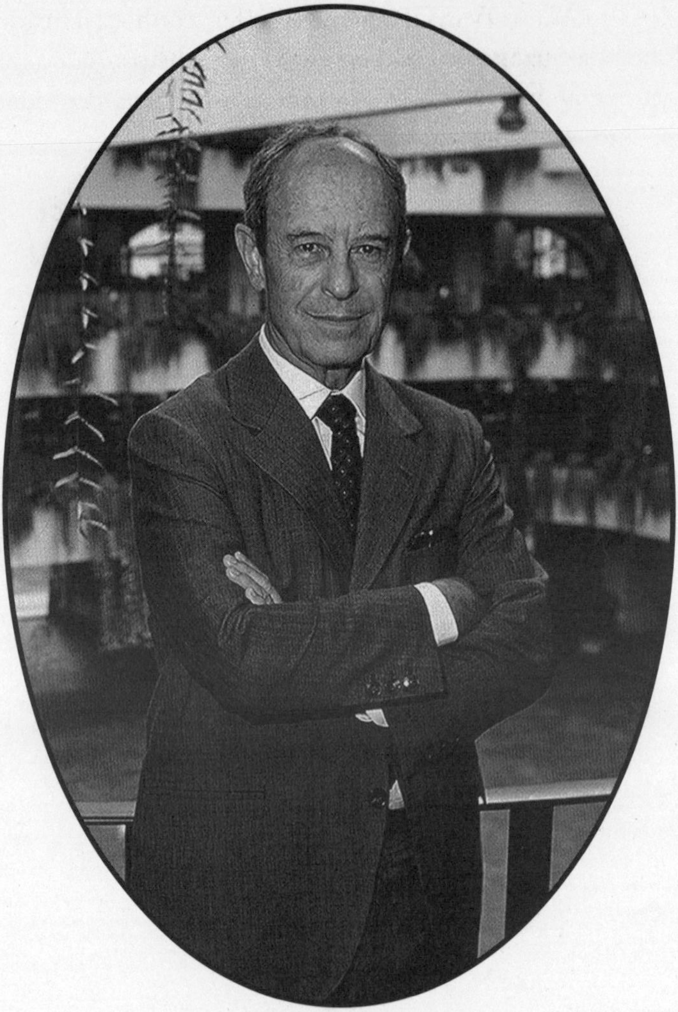

Aloysio de Andrade Faria
—
O empreendedor do império Alfa

Introdução

O que é um império? Se olharmos para sua etimologia chegaremos na palavra latina *imperium*, frequentemente utilizada por generais romanos para denotar sua autoridade ou poder sobre uma região específica. Na antiguidade clássica essa palavra estava diretamente associada ao controle de um território. Com o passar do tempo, o conceito de império evoluiu para uma forma de governo que buscava a expansão e conquista de novos territórios. O imperador, em muitos casos, assumia os riscos envolvidos na exploração de novos territórios e frequentemente alcançava esse objetivo por meio de conflitos armados.

Se transpusermos a mentalidade de busca por expansão e soberania do mundo dos impérios para o cenário do empreendedorismo, podemos observar semelhanças marcantes. Embora hoje em dia a competição no mundo dos negócios não ocorra através de batalhas campais e violência física como no passado, é inegável que empreender equivale a entrar em um campo de batalha. Novas empresas surgem todos os dias, enquanto outras centenas fecham suas portas. Nesse ambiente altamente competitivo, apenas os melhores conseguem alcançar um lugar de destaque, isso é um fato.

Alcançar o topo, no entanto, é uma jornada de longo prazo que requer determinação, consistência, resiliência e uma série de outras virtudes. É como uma semente que ao ser plantada leva décadas para se transformar em uma árvore frondosa e repleta de frutos. Apesar das adversidades, seu ritmo de crescimento persiste e, à medida que suas raízes se aprofundam no solo, sua jornada em direção ao sol começa gradualmente.

Essas duas metáforas são fundamentais para compreendermos a jornada de Aloysio de Andrade Faria, pois tanto as circunstâncias quanto a cultura familiar constituíram o solo fértil onde esse brilhante empreendedor foi plantado, permitindo-lhe colher frutos abundantes ao longo de sua jornada profissional. No entanto, a história desse visionário vai além do privilégio de nascer em uma família abastada, pois sua abordagem inovadora e adaptável elevou seus empreendimentos a um nível imperial, caracterizado pela expansão incessante em diversos setores e modelos de negócio. Assim, a diversidade e a plasticidade para entender de assuntos tão distintos são marcas desse magnífico empreendedor, cujo legado exploraremos nas próximas páginas.

O solo fértil: os primeiros anos de Aloysio de Andrade Faria

A história de Aloysio de Andrade Faria tem início em 1920, na cidade de Belo Horizonte, capital de Minas Gerais. Nascido em uma família abastada, os detalhes dos primeiros anos de vida de Aloysio não são amplamente conhecidos, mas é razoável deduzir que ele desfrutou de uma vida confortável. Seu pai, Clemente Faria, desempenhou um papel importante na política, ocupando cargos de deputado federal e estadual ao longo de várias décadas. Antes dele, seu avô, o coronel Pacífico Faria, foi um próspero pecuarista no interior de Minas Gerais.

Com base nesse breve histórico, podemos inferir que Aloysio fazia parte de um círculo privilegiado de pessoas economicamente prósperas no Brasil durante a Primeira República (1889-1930). Embora para alguns isso possa parecer uma vantagem significativa na vida, é igualmente importante destacar que, mesmo crescendo em um solo fértil, repleto de oportunidades, o empreendedorismo não foi a primeira escolha de Aloysio.

O pai de Aloysio, Clemente Faria, além de ser um político renomado, também atuava como banqueiro. Seu primeiro empreendimento foi o lendário Banco da Lavoura de Minas Gerais, que se destacava por fornecer crédito aos pequenos e médios agricultores da região. É importante ressaltar que Minas Gerais, apesar de ser reconhecida por sua indústria mineradora – daí o nome do estado –, também desfrutava de grande prestígio na agricultura e pecuária durante a Primeira República. Por conseguinte, tornou-se um dos estados mais importantes do Brasil nesse período, juntamente com São Paulo, exercendo influência significativa na política nacional. Um exemplo dessa influência foi a famosa "política do café com leite", na qual se destacava a aliança entre São Paulo e Minas Gerais na alternância do poder político brasileiro.

Diante desse contexto, é seguro afirmar que a família Faria, desde o século XIX, desfrutava de uma posição de destaque em Minas Gerais, sendo uma das mais influentes da época. O Banco da Lavoura de Minas Gerais revelou-se um excelente negócio para Clemente Faria, que, com apoio político, conseguiu administrar o seu empreendimento e contribuir para o desenvolvimento do interior do estado. Segundo informações do site Seu Dinheiro, o lema adotado por Clemente em seu banco era "emprestar pouco para muitos"[22]. Essa abordagem visava impulsionar o setor primário em Minas Gerais e consolidá-lo como um dos principais polos econômicos do Brasil. Todos esses aspectos evidenciam que, desde o início de sua vida, Aloysio de Andrade Faria estava em uma posição privilegiada para trilhar um caminho rumo ao sucesso.

Aloysio, entretanto, não tinha interesse em seguir a tradição familiar. Ao longo de sua jornada, demonstrou pouco interesse pela política e não se via como pecuarista, embora tivesse grande apreço pelo campo. Sua educação privilegiada permitiu que

---

22 Para mais informações, ver: https://www.seudinheiro.com/2020/empresas/aos-99-anos-aloysio-de-andrade-faria-o-banqueiro-invisivel-ainda-da-as-cartas.

frequentasse excelentes instituições de ensino básico e o levou a ingressar no curso de medicina. Em 1944, graduou-se em medicina pela Universidade Federal de Minas Gerais (UFMG) e posteriormente especializou-se em gastroenterologia, daí o título de doutor sempre associado à sua figura.

O amor de Aloysio pela medicina é indiscutível, tanto que, mesmo não seguindo a carreira como médico, o empreendedor do império Alfa sempre reservou uma parte de seus rendimentos para apoiar instituições de saúde e tratamentos de crianças com doenças raras. Dessa forma, ainda que de maneira indireta, ele exercia seu papel como profissional da saúde. No entanto, o que levou Aloysio de Andrade Faria a mudar sua trajetória?

Como evidenciado, sua dedicação à arte de curar se mostrava como uma verdadeira vocação. No entanto, apesar de sua especialização e anos de comprometimento com a medicina, Aloysio optou, por fim, por seguir a carreira de seu pai. O falecimento deste último, em 1948, foi um marco que obrigou Aloysio e seu irmão, Gilberto, a assumirem o comando do empreendimento da família. O Banco da Lavoura de Minas Gerais, fundado em 1925, cinco anos após o nascimento de Aloysio, certamente moldou sua visão dos desafios enfrentados pelo pai para estabelecer e expandir o banco no mercado. Assim, impulsionado pela força inexorável do destino, o Dr. Aloysio viu-se compelido a adentrar no mundo dos negócios, mesmo que até então isso não despertasse seu interesse.

O começo da carreira empreendedora: nasce o Banco Real

Em 1948, Aloysio e Gilberto assumiram os negócios da família Faria. Ao longo de meio século, Dr. Aloysio liderou esse empreendimento, que na década de 1970 se transformou no Banco

Real[23]. Durante essas cinco décadas, a instituição financeira deixou de ser apenas um banco regional, voltado para apoiar a agricultura local, e se tornou um dos principais líderes nacionais, desempenhando um papel fundamental no desenvolvimento econômico do Brasil.

A evolução do empreendimento financeiro da família Faria foi impulsionada por uma série de fatores, com destaque para a gestão realizada por Aloysio de Andrade. Uma de suas características principais era o anonimato, evitando a exposição de sua imagem e concentrando-se nos aspectos técnicos da gestão. Ao manter uma vida pessoal discreta, Aloysio buscava evitar o envolvimento excessivo com a política governamental, conduzindo seu banco com uma abordagem técnica e visionária, independente de acordos políticos. Essa postura contrastava com a de seu pai, Clemente, e até mesmo com a de seu avô, que se envolveram profundamente na vida política em paralelo aos negócios.

Aloysio optava por ficar longe das câmeras, mantendo uma clara separação entre sua vida pessoal e profissional. No entanto, isso não diminui em nada seu mérito de elevar um banco estadual ao status de um dos maiores bancos privados do Brasil ao longo das décadas seguintes. Para alcançar esse feito, foram necessárias algumas mudanças significativas. Uma delas, bastante polêmica na época, foi a transferência da sede do banco para São Paulo, o centro econômico do país. Além disso, houve uma alteração no nome do banco, uma vez que não mais estava exclusivamente ligado a Minas Gerais e seu foco não se limitava mais a fornecer crédito para o setor agropecuário. Assim, surgiu o Banco Real, um empreendimento que mantinha a tradição da família Faria, mas com os olhos voltados para o futuro.

---

23 Em 1998 o grupo holandês ABN Amro passou a controlar a maior parte das ações do Banco Real, fazendo assim com que o Dr. Aloysio de Andrade Faria não fosse mais o responsável pela instituição.

Para compreendermos as mudanças ocorridas é importante situar esses eventos dentro do contexto histórico. Entre 1948 e 1978, os irmãos Aloysio e Gilberto administraram o Banco da Lavoura de Minas Gerais, como já mencionado. Ao longo dessas três décadas, tornou-se evidente a diferença na abordagem de gestão de cada um e em seus interesses. Aloysio, um empreendedor incansável, buscava constantemente soluções para fazer o banco prosperar em meio às crises políticas e econômicas que assolavam o Brasil. Enquanto isso, Gilberto, embora compartilhasse do mesmo objetivo, viu sua carreira se ramificar para a política, dividindo assim suas atenções. Seguindo os passos do pai, Gilberto ingressou na política e ocupou o cargo de deputado federal por Minas Gerais entre 1963 e 1971. Com o foco em seu mandato político, Aloysio e Gilberto, após anos de convivência e cooperação, decidiram dividir os negócios da família para que cada um pudesse seguir seus próprios planos. Foi nesse momento que surgiram duas entidades distintas: o Banco Real, sob o comando de Aloysio Faria; e o Banco Bandeirantes, liderado por Gilberto.

Com a separação, Aloysio conquistou autonomia para suas decisões em relação ao crescimento do empreendimento, algo que por muito tempo não havia desfrutado. Uma de suas primeiras iniciativas foi transferir o Banco Real para São Paulo. Essa medida visava expandir as operações da instituição para o âmbito nacional, aproveitando o forte momento de crescimento econômico e de nacionalização do Brasil.

Nesse contexto, é importante ressaltar alguns pontos relevantes. Em primeiro lugar, a mudança do Banco Lavoura de Minas Gerais era imprescindível durante os anos 1970. Isso se baseia na própria história do banco, que foi fundado em uma época em que as questões políticas estaduais predominavam sobre as demandas nacionais. Na década de 1920, um banco com atuação estadual era fundamental para fortalecer o capital econômico e político da região, porém essa abordagem já se mostrava ultrapassada desde o final do governo Dutra (1946-1951), uma vez que toda a política brasileira estava voltada para o desenvolvimento nacional.

Essa mesma perspectiva foi mantida durante os governos de Vargas (1951-1954), Café Filho (1954-1956) e o de JK (1956-1961), este último famoso pelo grandioso lema "50 anos em 5". Durante o Regime Militar (1964-1985), o Brasil testemunhou outra onda de desenvolvimento nacional, com programas de incentivo à indústria e outros setores da economia. Como podemos observar, a fase em que o país se encontrava não permitia mais políticas limitadas a uma região ou estado específico. Diante disso, Aloysio reconheceu a necessidade de ampliar as fronteiras do Banco Real.

Assim, em 1978, Aloysio de Andrade Faria tomou a decisão de transferir a sede de seu banco para São Paulo, o epicentro econômico do Brasil. Essa mudança foi estratégica, pois para alcançar uma dimensão nacional era importante estar vinculado ao principal polo econômico do país. Minas Gerais, embora ainda fosse um dos estados mais importantes do Brasil, já não desempenhava um papel ativo nas decisões econômicas, em especial após a criação de Brasília, em 1960, que alterou significativamente o eixo político-econômico do país. Logo, Aloysio precisou romper com a tradição familiar para conduzir o empreendimento da família em direção à modernidade.

A decisão mostrou-se altamente acertada, pois ao longo de duas décadas o Banco Real emergiu como uma das principais instituições financeiras do Brasil. O plano de expansão foi bem-sucedido, resultando na construção de novas agências em todas as regiões do país. Além dos empreendimentos financeiros, o Banco Real também assumiu um compromisso com a sustentabilidade, como observa Alípio Carlos Tavares Labão:

> MARIA LUIZA PINTO (2007): O Banco Real começou a trabalhar muita coisa ao mesmo tempo; nos outros bancos, normalmente eles entram em riscos, e produtos, mas eles têm um

grupo de ação social. O Banco Real fez à época, final de 2001, uma frente de fornecedores, começou a investir em grupo de ecoeficiência, em grupos de responsabilidade social, o microcrédito teve suas campanhas montadas, se preparando para manter a campanha de diversidade, naquela época já havia palestras de verdade, estava começando a discutir a questão da mulher e do meio ambiente, então o banco começou muita coisa ao mesmo tempo (Labão, 2008, p. 68-9)[24].

A estratégia do Banco Real de oferecer linhas de crédito para apoiar iniciativas sociais, projetos de sustentabilidade e outras áreas não diretamente relacionadas ao empreendimento financeiro representou uma distinção significativa em relação aos demais bancos. Enquanto alguns economistas poderiam considerar essa abordagem arriscada devido à possibilidade de falta de retorno ou inadimplência nos empréstimos, do ponto de vista social a atuação do Banco Real proporcionou uma maior capilaridade na sociedade, aumentando o número de contas abertas e a circulação de dinheiro na instituição. Embora essa perspectiva tenha sido ampliada a partir de 2001 – após a saída do Dr. Aloysio da liderança do Banco –, esse novo modelo de negócio, que se relacionava com outros setores da sociedade e que naquela época não tinha espaço nos bancos tradicionais, foi implementado desde o início pelo Banco Real. Assim, mesmo após sua saída, Aloysio continuou deixando sua marca no DNA da instituição que ajudara a criar.

A expansão do Banco Real não se limitou ao território nacional, estendendo-se por toda a América Latina. Assim como o renomado Banco Mauá, que no século XIX mantinha agências na Inglaterra, Argentina e Uruguai, o Banco Real também expandiu suas operações para outros países, estabelecendo 55 agências em mais de vinte nações. Dessa forma, ao final da década de 1990, o

---

24 A citação é parte de uma entrevista, que consta na bibliografia citada. Assim, a fala não pertence ao autor, mas à sua entrevistada.

Banco Real não era apenas uma instituição financeira, mas uma parte integrante de um importante centro econômico que ultrapassava as fronteiras nacionais. Para gerenciar adequadamente essa expansão, o Dr. Aloysio fundou diversas empresas no setor financeiro para sustentar e fortalecer as operações do Banco Real, especialmente durante sua fase internacional. Esse modelo de diversificação de empresas, todas interconectadas, foi uma estratégia que se repetiu mais tarde com o conglomerado Alfa, como veremos adiante. Sua implementação eficaz foi resultado de uma visão empreendedora singular, característica de poucos.

Apesar do sucesso do empreendimento, em 1998, após cinquenta anos enfrentando desafios no mercado financeiro e resistindo a crises, mudanças de presidentes, reformas monetárias, constitucionais e uma série de outros eventos que ameaçaram seu empreendimento tal qual um mar revolto, o Banco Real foi vendido. Os motivos que levaram o Dr. Aloysio de Andrade a desfazer-se de seu principal empreendimento, fruto da herança de seu pai e que ele próprio havia ampliado, permanecem desconhecidos. Pode-se especular que o valor oferecido pelo ABN Amro tenha sido o principal fator, mas essa teoria é questionável.

O Banco Real continuava a ser um empreendimento de excelência, mantendo lucros consistentes. Portanto, não podemos afirmar que a venda foi motivada puramente por questões financeiras. O desejo de se aposentar também não parece ser uma justificativa plausível, já que os anos seguintes foram marcados por muito trabalho e dedicação por parte de Aloysio. Talvez, e aqui apresentamos apenas uma hipótese, as razões por trás da venda do Banco Real fossem mais subjetivas, relacionadas a aspectos internos desse grande empreendedor. É possível que, considerando os anos subsequentes e os outros empreendimentos realizados pelo Dr. Aloysio, a verdadeira motivação tenha sido buscar novos desafios, explorar novos nichos e mercados desconhecidos e, assim, continuar empreendendo, pois um verdadeiro empreendedor nunca tira férias ou se aposenta nos termos convencionais dessa palavra.

Dito isso, podemos afirmar que a venda do Banco Real não marcou o fim da carreira empresarial do Dr. Aloysio, mas sim o começo de um novo capítulo. Aos 78 anos de idade, a venda do Banco Real poderia representar a aposentadoria do empresário mineiro. No entanto, a vontade de explorar novos empreendimentos e o desejo intrínseco de inovar impulsionaram Aloysio de Andrade Faria a uma nova jornada empresarial, levando-o a construir seu próprio império.

Construindo um império: o conglomerado Alfa

O final do século XX e início do século XXI foi um período de mudanças significativas. A virada do milênio trouxe consigo temores e incertezas, mas também inaugurou uma era futurista, repleta de novas possibilidades. Nesse contexto de transformações e perspectivas inéditas, Dr. Aloysio embarcou em novas empreitadas. Conhecido por sua discrição, sua expansão empresarial passou despercebida por um tempo. Agindo sempre longe dos holofotes, as novas conquistas eram compartilhadas com sua família e amigos próximos, sem alardes.

Como mencionado no início deste capítulo, um império é, acima de tudo, uma demonstração de poder e capacidade de alcançar o topo em seu campo de atuação. Enquanto os impérios do passado usavam a guerra como meio de expansão, no mundo empresarial não são os músculos ou armas que garantem a vitória. Dr. Aloysio compreendeu bem essa lição, e sua constância, determinação e resiliência já haviam sido provadas ao longo das décadas à frente do Banco Real. Agora, enfrentando o desafio de seus 80 anos, ele estava pronto para embarcar em novos empreendimentos. Foi assim que o conglomerado Alfa teve início.

No âmbito empresarial, o termo "conglomerado" refere-se a um conjunto de empresas associadas a uma empresa matriz que, atuando em diversos setores, almeja expandir sua presença no mercado. Conforme a definição fornecida pelo site Mais Retorno:

> Conglomerado é o nome dado a junção de duas ou mais empresas, de diferentes segmentos, que trabalham em função de uma única estrutura corporativa. Também conhecido como "conglomerado industrial" ou "grupo empresarial", o conglomerado é considerado uma forma de oligopólio, ou seja, onde uma organização ou qualquer espécie de governo promove o domínio sobre determinada oferta de produtos ou serviços. O objetivo deste tipo de estrutura corporativa é obter, cada vez mais, novas empresas a seu favor. Consequentemente, o lucro passa a ser maior através dessa expansão[25].

A explicação fornecida pelo portal é fundamental para compreendermos o significado da criação do conglomerado Alfa e sua correlação com a ideia de um império. Com o objetivo de expandir e dominar novos setores, o conglomerado Alfa atualmente consiste em oito empresas do ramo financeiro, que incluem: Banco Alfa, Banco Alfa de Investimento, Alfa Financeira, Alfa Leasing, Alfa Corretora, Alfa Seguradora e Alfa Previdência, além do hub de inovação aberta Alfa Collab. Não é nosso intuito entrar em minúcias sobre cada uma dessas iniciativas, mas é perceptível que o conglomerado Alfa segue a trajetória da família Faria, mantendo-se no mundo das finanças. As empresas fundadas pelo Dr. Aloysio já existiam antes da venda do Banco Real, funcionando como projetos paralelos que apoiavam o

---

25 Para mais informações sobre o assunto, ver: https://maisretorno.com/portal/termos/c/conglomerado.

Banco Real, que até então era o principal empreendimento do empresário mineiro.

Portanto, o conglomerado Alfa surgiu com uma forte presença no mercado, ampliando ainda mais sua influência ao longo dos anos 2000, quando o foco do empresário passou a ser principalmente o desenvolvimento desses empreendimentos. De início composto por oito empresas concentradas nesse nicho, não é exagero afirmar que a consolidação do Banco Alfa foi possível graças ao sólido alicerce fornecido pelo conglomerado. Em um mercado altamente competitivo como o das finanças, estabelecer uma rede de sustentação como a do conglomerado Alfa é uma verdadeira façanha, alcançada apenas por grandes empreendedores. Não se trata apenas de capital para alcançar esse feito, mas também de visão, determinação, ritmo e uma imensa capacidade de gerenciamento para lidar com tantas empresas e indivíduos diferentes.

Mas o conglomerado Alfa não se limitou ao setor financeiro. Na verdade, a expansão liderada por Aloysio de Andrade Faria foi cuidadosamente planejada, em contraste com a ideia comum de que novos empreendimentos surgem de forma espontânea na mente dos empresários. Poucos compreendem que por trás de qualquer empreendimento, desde os mais simples até expansões envolvendo múltiplas empresas, existe uma mente que planeja, calcula os riscos e analisa os potenciais benefícios. Ressalta-se que esses benefícios são apenas possibilidades, pois, como bem sabemos, não há garantias no mundo dos negócios, tornando o empreendedorismo um terreno fértil, mas também instável. Portanto, é essencial ter um espírito empreendedor, mas não só isso: deve-se ter também uma mente capaz de antecipar e planejar decisões com precisão.

Não há dúvida quanto à capacidade do Dr. Aloysio nesse aspecto. Diante disso, podemos compreender porque o conglomerado Alfa, ao longo de sua jornada, absorveu tantos nichos diversos, com todas as empresas sendo fundadas ou adquiridas pelo grande empresário mineiro. Enquanto Aloysio construía seu império no setor financeiro, outros setores também foram visados e conquistaram seu espaço dentro do grande legado desse empreendedor. Um dos mais proeminentes, sem dúvida, foi o setor hoteleiro, com a construção dos hotéis Transamérica.

Inaugurada em 1985, essa iniciativa teve origem na visão empreendedora de explorar o setor turístico. Almejando expandir sua presença no mercado, Aloysio não apenas investiu em um tipo de hotel, ele introduziu uma estrutura pioneira em São Paulo. Segundo Edgar J. Oliveira:

> A história do Hotel Transamérica começou em 1985 quando o empreendedor resolveu investir num hotel padrão cinco estrelas em local completamente isolado, que fica às margens do rio Pinheiros, fugindo do eixo Centro - Av. Paulista. Na época, os especialistas do mercado julgavam o investimento como de alto risco. Mas a visão pioneira do investidor se mostrou acertada. O hotel foi implantado numa grande área que permitiu uma boa infraestrutura que hoje faz a diferença quando o assunto é atrair eventos[26].

Mais uma vez, é possível destacar a visão diferenciada de Aloysio de Andrade Faria como empreendedor. Hoje, com mais de 35 anos de operação, o Hotel Transamérica São Paulo é reconhecido como um dos mais renomados e requisitados da cidade para a realização de eventos. Em uma metrópole tão dinâmica, sendo o principal centro econômico do país, ter um espaço para eventos de grande porte é essencial, dada a constante atividade desse tipo na cidade. Com o crescimento exponencial de São Paulo, o que anteriormente poderia ser considerado um local "isolado" agora se encontra plenamente integrado à malha urbana paulistana.

O sucesso do empreendimento foi tão significativo que logo em seguida, em 1989, ele lançou outro hotel, desta vez no pequeno

---

26 Disponível em: https://www.revistahoteis.com.br/hotel-transamerica-sao-paulo-30-a-nos-de-sucesso. Acesso em: 23 maio 2024.

município de Una, na Bahia. A aposta de Aloysio foi em um resort, um modelo pouco explorado no Brasil até então. Uma das principais controvérsias desse investimento era justamente a localização: em uma região remota, de difícil logística para a construção, e onde atrair hóspedes seria complicado. Apesar desses desafios, o projeto saiu do papel e ganhou vida em apenas quatro anos.

> Mas como se deu a construção em um local inexplorado? Se para os hóspedes o resort é sinônimo de zero preocupação, tendo à sua disposição tudo que necessitar no período de férias, sob o ponto de vista empreendedor o mesmo espaço é palco de grandes operações. Foi criada então uma infraestrutura que exigiu soluções como abastecimento de água potável, energia elétrica e esgoto. Para tanto, os números oficiais do período são monumentais. Durante os quatro anos foram mobilizadas cerca de 15 mil pessoas e balsas reforçadas foram construídas especialmente para o transporte de materiais entre o continente e a ilha – as embarcações suportaram viagens durante todo o dia e até três caminhões a bordo. Construir uma ponte facilitaria o trabalho, mas, de acordo com o resort, "toda a magia do lugar estaria comprometida". Ao todo, 43 mil viagens de balsa foram registradas para levar os materiais de um lado para o outro e 27 mil toneladas de concreto foram usadas para erguer o empreendimento. Mais números que impressionam: 845 mil telhas, 8 milhões de tijolos, 7 mil latas de tintas e 270 mil cerâmicas de piso foram usados (TAFARELO, 2022).

A expansão da rede Transamérica demonstrou a competência do Dr. Aloysio, destacando-o como visionário, pois até hoje, após trinta anos em operação, o Transamérica Comandatuba, como é conhecido, permanece como um dos principais resorts do Brasil. No entanto, a Transamérica não se limita apenas ao setor hoteleiro. Na verdade, ela teve origem em outra empresa ainda mais antiga: a Rede Transamérica de Comunicação. Fundada em

1976 por Aloysio, essa empresa começou como uma estação de rádio, e ao longo das décadas se tornou uma das principais redes de rádio do país. Atualmente, com sedes em diversas capitais, a Rede Transamérica leva informação para todo o Brasil.

Além dos setores de hotelaria e comunicação, o império criado por Aloysio de Andrade Faria se estendeu às suas origens. O empresário mineiro direcionou sua atenção para o agronegócio e foi o responsável pela fundação da Agropalma, a maior produtora de óleo de dendê da América Latina. Localizada na região norte do Brasil, mais especificamente no estado do Pará, a Agropalma começou como um ramo do grupo Alfa, mas hoje é praticamente um conglomerado por si só, dada a complexidade de suas operações. Segundo Joelson A. do Nascimento:

> O Grupo Agropalma, de capital 100% nacional e controlado pelo Grupo Alfa, conta com o maior e mais moderno complexo agroindustrial do Brasil para o plantio e o processamento de óleo de palma. Detentora de todo o ciclo produtivo – do cultivo da semente à produção do óleo refinado, gorduras vegetais e margarina – a empresa responde por 75% da produção nacional de óleo de palma, sendo que 15% deste volume são exportados para a Europa e os Estados Unidos. Com faturamento anual de cerca de R$ 650 milhões, a Agropalma possui 4.500 funcionários e beneficia indiretamente mais de 21.000 pessoas na região onde atua (NASCIMENTO, 2015)[27].

A Agropalma foi estabelecida em 1982 e tem uma trajetória de mais de quarenta anos no mercado. Ao analisarmos amplamente a jornada de Aloysio de Andrade Faria desde a fundação de suas empresas, torna-se evidente que seu crescimento não foi fruto do

---

27 Artigo disponível em: https://mudarfuturo.fea.usp.br/artigos/estrategias-reducao-gee-2014/estrategia-empresarial-para-a-mitigacao-e-reducao-de-gee-o-caso-do-grupo-agropalma-na-amazonia. Acesso em: 23 maio 2024.

acaso, nem uma decisão tomada de forma precipitada. Pelo contrário, a estabilidade do Banco Real em seus negócios proporcionou uma expansão gradual de outros empreendimentos, diversificando o plano de negócios e avançando gradualmente para outros nichos. No caso da Agropalma, podemos perceber um padrão de controle e expansão operacional semelhante ao do Banco Real. Ao possuir empresas "menores" dentro do mesmo nicho, Aloysio conseguia manter-se no mercado por meio de diversas vias, reduzindo a dependência de empresas externas. No caso da Agropalma, ao controlar toda a sua operação, desde a produção de sementes até o produto final, garante-se o domínio e a percepção de toda a cadeia produtiva.

Considerando esse aspecto, fica evidente um modus operandi do empresário mineiro em expandir seus empreendimentos até alcançar uma autonomia significativa, sem depender excessivamente de empresas terceirizadas. Essa estratégia, como podemos perceber, requer não só habilidade técnica e visão, mas também uma grande capacidade de gestão e organização interna. O verdadeiro potencial de Aloysio de Andrade Faria no mundo empresarial reside na sua habilidade de gerenciar internamente seus negócios, implementando mudanças que aumentem o destaque da empresa, não apenas o de seus funcionários. Nesse sentido, nem mesmo o próprio Aloysio era uma exceção, pois, como mencionado anteriormente, preferia evitar a exposição midiática e acordos políticos.

A lista de empreendimentos realizados pelo Dr. Aloysio de Andrade Faria poderia preencher dezenas de páginas, mas acreditamos que os exemplos anteriores ilustram bem sua capacidade empreendedora e o espírito incansável que o impulsionava a expandir constantemente seus horizontes. Se podemos concluir que o empreendedor é, por natureza, uma pessoa inquieta, em busca de mudança e inovação, as novas empresas criadas por Aloysio ao longo de sua trajetória são uma prova incontestável disso.

O legado de Aloysio de Andrade Faria

A vida empresarial de Aloysio continuou praticamente até o fim de seus dias. Mesmo residindo afastado dos grandes centros (nos últimos anos, em uma propriedade rural em Jaguariúna), ele ainda se envolvia em algumas decisões e acompanhava o crescimento de suas empresas. Como bilionário discreto, Aloysio conseguiu expandir seu império global de forma silenciosa. No entanto, apesar desse enorme legado físico e patrimonial representado por suas empresas, esse não é o verdadeiro legado desse empreendedor.

O legado de Aloysio de Andrade Faria reside no exemplo de empresário que se tornou. O médico que talvez nunca tenha sonhado com o mundo dos negócios na infância passou mais de seis décadas refinando uma arte na qual se tornou mestre. Apesar de sua tendência a evitar os holofotes, o sucesso de Aloysio de Andrade Faria foi inquestionável pela grande mídia. Mais do que uma carreira empresarial de sucesso, capaz de criar empresas que ampliaram as possibilidades nos três setores da economia nacional, Aloysio também foi pai, avô e esposo. Essas outras facetas de sua vida também geraram frutos, construindo uma família na qual seus ensinamentos foram eternizados.

Em 2020, a poucos meses de completar um século de vida, Aloysio de Andrade Faria nos deixou. Sua partida ocorreu de forma natural, na fazenda onde residia. Assim se despediu um dos empresários mais longevos e bem-sucedidos da história do Brasil. Suas empresas continuam a prosperar e desempenhar um papel importante em nossa sociedade, agora sob a liderança de outros executivos. No fim, o verdadeiro e inegável legado do Dr. Aloysio foi sua honestidade, generosidade e ética, valores que o acompanharam durante toda a sua jornada.

Anexo

Fachada do prédio do Banco Alfa, em Belo Horizonte.
Foto: Andrevruas.

Sede do Banco Real na Avenida Paulista, São Paulo. Disponível em: https://serieavenidapaulista.com.br/2020/12/29/o-antigo-predio-do-banco-real-hoje-brazilian-financial-center. Acesso em: 23 maio 2024.

Referências

LABÃO, Alípio Carlos Tavares. *Modificação da cultura organizacional de um banco na direção da sustentabilidade:* estudo de caso pioneiro do Banco Real. 2008. Dissertação (Mestrado em Gestão de Negócios) – Universidade Católica de Santos, Santos, 2008.

MAIS RETORNO. *Conglomerado*. Disponível em: https://maisretorno.com/portal/termos/c/conglomerado. Acesso em: 15 dez. 2023.

MOM BRASIL. *Família Faria*. Disponível em: https://brazil.mom-gmr.org/br/proprietarios/pessoas/detail/owner/owner/show/aloysio-de-andrade-faria. Acesso em: 14 dez. 2023.

NASCIMENTO, Joelson A. *Estratégia empresarial para a mitigação e redução de GEE*. O caso do grupo Agropalma na Amazônia. São Paulo: FEA/USP, 2015. Disponível em: https://mudarfuturo.fea.usp.br/artigos/estrategias-reducao-gee-2014/estrategia-empresarial-para-a-mitigacao-e-reducao-de-gee-o-caso-do-grupo-agropalma-na-amazonia. Acesso em: 22 dez. 2023.

O DONO da transamérica: Dr. Aloysio de Andrade Faria - Banco Alfa. Publicado pelo canal Livros e Finanças. 2023. Disponível em: https://www.youtube.com/watch?v=csK532HTWgY. Acesso em: 10 dez. 2023.

O EXPLORADOR. *Aloysio Faria, fundador do Banco Real, liderava o conglomerado alfa e era integrante mais antigo da lista Forbes*. 2020. Disponível em: https://www.oexplorador.com.br/aloysio-faria-fundador-do-banco-real-e-liderava-o-conglomerado-alfa-e-era-integrante-mais-antigo-da-lista-forbes. Acesso em: 8 dez. 2023.

OLIVEIRA, Edgar J. Hotel Transamérica São Paulo: 30 anos de sucesso. *Revista Hotéis*. 2016. Disponível em: https://www.revistahoteis.com.br/hotel-transamerica-sao-paulo-30-anos-de-sucesso. Acesso em: 18 dez. 2023.

QUEM FOI Aloysio de Andrade Faria? Conheça o fundador do Banco Real. 2022. Publicado pelo canal About Money. Disponível em: https://www.youtube.com/watch?v=KZ1IIzdIdfs. Acesso em: 11 dez. 2023.

SEU DINHEIRO. *Aos 99 anos, Aloysio de Andrade Faria, o banqueiro invisível, ainda dá as cartas.* 2020. Disponível em: https://www.seudinheiro.com/2020/empresas/aos-99-anos-aloysio-de-andrade-faria-o-banqueiro-invisivel-ainda-da-as-cartas. Acesso em: 10 dez. 2023.

TAFARELO, Saulo. *Transamerica Comandatuba*: o hotel que mudou o conceito de resort no Brasil. CNN Brasil. 2022. Disponível em: https://www.cnnbrasil.com.br/viagemegastronomia/hoteis/transamerica-comandatuba-o-hotel-que-mudou-o-conceito-de-resort-no-brasil. Acesso em: 23 maio 2024.

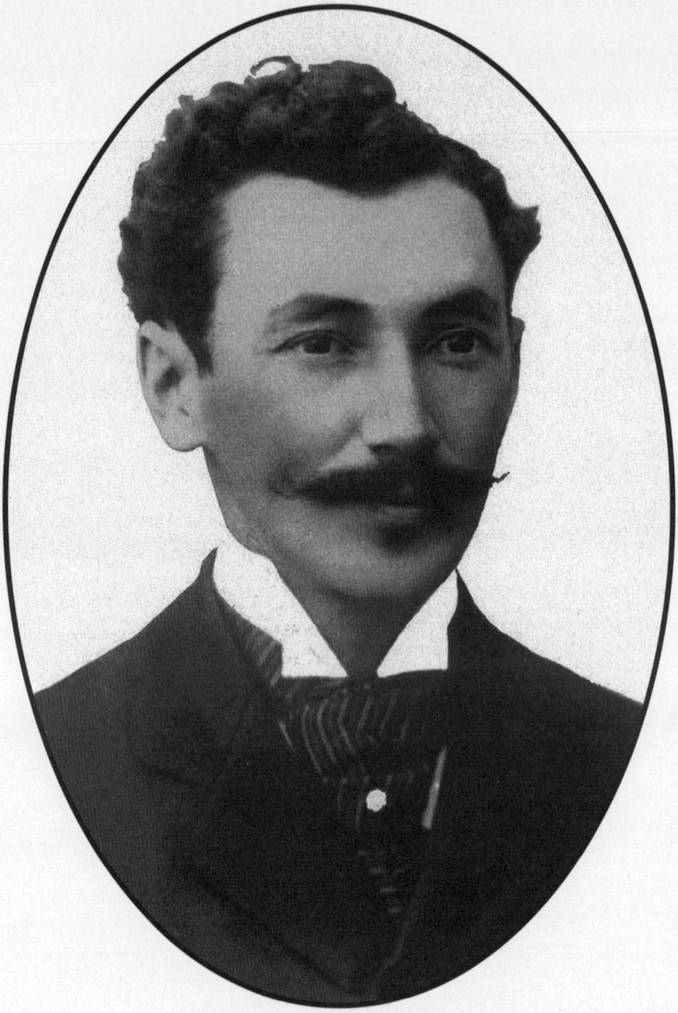

Agostinho Ermelino de Leão Júnior

—

O patriarca de um legado cultural

Introdução

Existem várias motivações que levam uma pessoa a iniciar um empreendimento. Para alguns, empreender é uma vocação natural, uma necessidade intrínseca de influenciar positivamente o ambiente ao seu redor. Para outros, abrir um negócio surge como a única saída em momentos específicos da vida, uma estratégia de sobrevivência. No entanto, independentemente das razões que impulsionam alguém a iniciar essa jornada empreendedora, o sucesso de um empreendimento não se resume apenas às aspirações; ele requer competência, dedicação, disciplina e outras virtudes fundamentais.

É importante considerar os motivos que levam alguém, especialmente um empreendedor de sucesso, a iniciar sua jornada empresarial, entendendo o que contribui para sua continuidade e sucesso ao longo do tempo. Um dos indicadores mais claros do sucesso de um empreendedor é sua capacidade de gerar recursos, ou seja, a quantidade de dinheiro que ele e sua empresa são capazes de movimentar. Não se pode negar que esse é um fator determinante, uma vez que vivemos em uma sociedade onde os recursos econômicos desempenham um papel fundamental. No entanto, é essencial ir além e identificar outras razões que impulsionam uma empresa a alçar voos altos.

Outro aspecto relevante é, sem dúvida, a capilaridade do produto ou do serviço oferecido pela empresa ou empreendedor na sociedade. Conforme discutido no capítulo sobre Jesus Norberto Gomes[28], a construção de uma cultura em torno do produto é um dos fatores determinantes para o sucesso. Para alcançar esse estágio, a empresa precisa desenvolver sua marca e se tornar

---

28 Para mais informações, ver o capítulo sobre Alexandrino Garcia deste livro.

amplamente conhecida e associada à identidade de uma localidade, região ou até mesmo de um país.

Esse exemplo ilustra bem o caso da Leão, uma empresa modesta que surgiu no início do século XX, fundada por Agostinho Ermelino de Leão Júnior em uma pequena localidade do Paraná e que acabou por se tornar reconhecida mundialmente.

A família Leão e o nascimento de um estado

Para compreendermos a trajetória da família Leão, é essencial contextualizarmos um pouco sobre a história do Paraná, pois ambas estão intrinsecamente ligadas. Para isso, é necessário retrocedermos no tempo e no espaço, até uma região que, em meados do século XIX, ainda estava sob influência política de São Paulo e foi povoada por meio de diversas ondas migratórias.

O Paraná é o único estado da região Sul que faz fronteira com outras regiões do Brasil, ao norte com São Paulo e ao oeste com o Mato Grosso do Sul, o que o torna um ponto crucial de conexão entre essas regiões. Apesar de sua importância estratégica para o Brasil, apenas em 1750, com a assinatura do Tratado de Madrid, a região passou a ser oficialmente posse portuguesa, uma vez que, conforme o antigo Tratado de Tordesilhas, estava sob domínio espanhol. Devido à dificuldade de povoamento, a Espanha negligenciou a região, e foi somente durante um processo de expansão colonial no século XVII que Portugal enviou os primeiros europeus para a área habitada por diversas tribos indígenas, como os Carijós no litoral e os Tupis no interior.

Por essas razões o povoamento do Paraná ocorreu de forma tardia, tendo início somente por volta de 1660, com a fundação da vila de Paranaguá (hoje, Paranaguá), localizada no litoral paranaense. Foi após a conquista do litoral e a descoberta de ouro na região que ocorreu a primeira onda migratória para o Paraná. Pessoas de diversas partes do Brasil, especialmente do Nordeste, dirigiram-se para o Sul, em um movimento semelhante ao que ocorreu no século XVII em Minas Gerais e, mais tarde, durante o século XX, na região Norte. Esse período de "corrida do ouro" despertou o interesse de Portugal em colonizar efetivamente a região e torná-la parte do império, o que foi concretizado com o Tratado de Madrid de 1750.

Durante o século XVIII e principalmente no século XIX ocorreram novas ondas migratórias, principalmente com o objetivo de promover o povoamento para a agricultura. Com o fim do tráfico internacional de escravos, o Império brasileiro propôs trazer imigrantes europeus para trabalharem e se estabelecerem na região Sul do país, até então a menos povoada da nação. Dessa forma, eslavos, germânicos e italianos foram trazidos em grande número para o Paraná, proporcionando um novo impulso demográfico e comercial à região.

> Até o começo do século XVIII, a população da região onde hoje se configura o Paraná era constituída de portugueses, vindos do Reino, castelhanos, índios, negros africanos e de nativos descendentes dessas três raças. A mão de obra constituía a maior dificuldade para o desenvolvimento do território. Nesse contexto, a imigração passou a ser vista como solução para o problema (PRIORI *et al.*, 2012, p. 36).

Considerando o contexto histórico, ao examinar a genealogia da família Leão constata-se que eles foram uma das muitas famílias que imigraram para a província do Paranaguá no início do século XIX. Segundo a árvore genealógica de Agostinho Ermelino de

Leão Júnior[29], seu pai, Agostinho Ermelino Leão já nasceu na província do Paraná, mais especificamente na vila de Paranaguá, em 1834. No entanto, seu avô paterno, que também se chamava Agostinho Ermelino Leão, residia na Bahia em 1797. A partir desses dados, podemos inferir que em algum momento das primeiras décadas do século XIX a família Leão deixou a Bahia e estabeleceu-se no Paraná.

A imigração da família Leão ocorreu justamente no período em que o Paraná recebia mais imigrantes de outros estados brasileiros do que do exterior. Além disso, é importante notar que nessa época o Paraná ainda estava politicamente ligado a São Paulo, e o processo de independência desse estado teve a participação destacada da família Leão. O pai de Agostinho Ermelino de Leão Júnior, por exemplo, exerceu o cargo de governador da província em quatro ocasiões, "de 19 de agosto a 18 de novembro de 1864, de 23 de março a 15 de novembro de 1866, de 28 de agosto a 26 de novembro de 1869, de 3 de maio a 24 de dezembro de 1870 e de 2 de maio a 8 de maio de 1875"[30].

Além da conexão política entre a família Leão e o estado do Paraná, podemos destacar também sua influência na capital do estado, Curitiba. O Palacete dos Leões, construído em 1902 por Agostinho Ermelino Leão Júnior, é um marco nessa história. O magnífico edifício não só serviu como residência para a família Leão como também abrigou o presidente Afonso Pena em certo período. Atualmente, o Palacete dos Leões é um importante patrimônio histórico e cultural de Curitiba, sendo utilizado como espaço cultural pelo Banco Regional de Desenvolvimento do Extremo Sul, o BRDE.

---

29 As informações apresentadas sobre a genealogia da família Leão estão disponíveis em: https://www.geni.com/people/Agostinho-Ermelino-de-Le%C3%A3o-Junior/6000000079401340290.
30 Disponível em: https://www.geni.com/people/Agostinho-Ermelino-de-Le%C3%A3o/6000000018167439823. Acesso em: 23 maio 2024.

Com esses exemplos em mente, fica claro que a família Leão desempenhou e continua a desempenhar um papel significativo no desenvolvimento econômico e político do Paraná. Mas como isso foi possível? A trajetória de Agostinho Ermelino Leão se desenrolou principalmente no campo político. Formado em direito, dedicou grande parte de sua vida à defesa da autonomia do Paraná. Já seu filho, Agostinho Ermelino de Leão Júnior, o notável empreendedor que nos interessa aqui, figura central deste capítulo, teve um papel essencial na construção do império do mate, embora esse legado cultural não tenha se propagado para outras regiões como ele poderia esperar. No entanto, estamos nos adiantando em nossa narrativa. Vamos agora conhecer um pouco mais sobre Leão Júnior, o patriarca desse legado cultural.

Leão Júnior: o nascimento de um empreendedor

A trajetória de Agostinho Ermelino de Leão Júnior começa em 4 de setembro de 1866. Infelizmente, há poucos registros sobre seus primeiros anos de vida, mas com base no histórico político e profissional de seu pai, Agostinho Ermelino Leão, podemos fazer algumas inferências. É razoável supor que Leão Júnior recebeu uma educação refinada, adequada aos padrões da época, uma vez que sua família pertencia à elite política.

Outro indício do nível educacional de Leão Júnior é o fato de ele ter alcançado uma posição destacada na Engenhos da Erva-Mate, atual Moinhos Unidos Brasil. Ele ocupava o cargo de feitor, uma posição que equivaleria hoje ao de gerente-geral[31], e provavelmente desempenhou essa função por alguns anos

---

31 Para facilitar o entendimento, usaremos a nomenclatura gerente-geral ao citarmos o cargo exercido por Agostinho Ermelino.

no início de sua vida adulta. É importante ressaltar que, nesse período, que remonta ao final do século XIX, o Paraná estava passando por um período de expansão do comércio da erva-mate, sendo o principal produto do estado. Dessa forma, podemos inferir o motivo de Agostinho Ermelino de Leão Júnior optar por seguir os rumos da economia local, ao contrário de seu pai, que seguiu a política.

Diante dessas ponderações, torna-se essencial adentrarmos no universo da erva-mate no Paraná para compreendermos a trajetória de Leão Júnior. Como mencionado no início deste capítulo, a colonização da região sul ocorreu principalmente por meio de fluxos migratórios, de início compostos por pessoas de outras partes do país; depois, por imigrantes europeus, nos séculos XIX e XX. Nesse contexto, um dos produtos mais cultivados na região, além da agricultura de subsistência, foi a erva-mate. Embora pouco difundido no Brasil até então, o mate era uma das marcas culturais mais emblemáticas da região, especialmente nos estados que fazem fronteira com o Uruguai e a Argentina.

A produção de erva-mate estava voltada principalmente à exportação para os países da América do Sul. O primeiro ciclo da erva-mate ocorreu entre 1820 e 1875, caracterizado por um aumento significativo na produção, porém os dados desse período não podem ser comparados com os anteriores, pois há falta de informações disponíveis.

> Em 1826, a congonha representava 69,81% das exportações do porto de Paranaguá. Segundo Linhares (1969), entre as décadas de 1830 e 1850, surgiram em torno de 70 engenhos de erva-mate no Paraná, dispersos no percurso entre o litoral e o segundo planalto, mais especificamente, na Lapa (MATSUNAGA, 2022, p. 42).

O crescimento da produção de erva-mate na região resultou em uma valorização desse produto, despertando o interesse de novos empreendedores e trabalhadores em busca de uma nova fonte de renda. Esse cenário não passou despercebido por Agostinho Ermelino Leão Júnior, que viveu durante um período especialmente próspero para a erva-mate. Esse período, conhecido como o segundo ciclo do mate no Paraná, estendeu-se de 1875 até a crise de 1929. Durante essa fase, novas técnicas foram empregadas nos engenhos de processamento da erva e houve um maior acesso às ferrovias, então em construção, com o objetivo de conectar as diversas regiões do país. Conforme observado por Matsunaga (2022, p. 47):

> O último quartel do século XIX foi um período que segundo Simonsen (1973) e Prado Jr. (2004) ficou marcado como o primeiro surto industrial no Brasil. Esse movimento foi encabeçado por São Paulo através da indústria cafeeira, mas esse desenvolvimento também de certa forma afetou o estado paranaense, com a acentuada mecanização dos meios de produção ervateiro. O principal progresso técnico foi a substituição dos moinhos hidráulicos por engenhos à vapor. A conclusão da Estrada da Graciosa na primeira metade da década de 1870 também foi fundamental para o crescimento e desenvolvimento da economia paranaense, pois possibilitou o um [sic] escoamento mais rápido e aumento gradativo da transferência de engenhos beneficiadores de mate que estavam concentrados no litoral, para os planaltos.

A expansão do cultivo e da produção da erva-mate, sem dúvida, foi o principal incentivo para Agostinho Ermelino de Leão Júnior ingressar nesse segmento. No entanto, após anos de dedicação a essa atividade, ele foi dispensado de seu cargo de gerente-geral, em 1901. Embora não haja informações precisas sobre a duração de sua permanência na empresa, podemos inferir que sua relação com a erva-mate provavelmente tenha tido início no final do século XIX, por volta de 1884 a 1886, quando teria entre 18 e 20 anos de idade.

Apesar das informações escassas, é sabido que Agostinho Ermelino de Leão Júnior rapidamente se reergueu após ser demitido. Sua experiência nos engenhos de erva-mate lhe proporcionou uma visão abrangente do mercado, levando-o a empreender e entrar na corrida pela produção da erva-mate. Assim, em 1901, aos 35 anos de idade, fundou a Leão Júnior S.A., mais tarde conhecida popularmente como Matte Leão.

A fundação da Matte Leão foi, em última análise, a resposta de Leão Júnior à sua situação de desemprego e à necessidade de sustentar sua família. Esse episódio suscita reflexões importantes sobre os motivos que nos levam a empreender. Por um lado, fica claro que o empreendedorismo não era uma escolha preferencial para o patriarca da Matte Leão, sugerindo que seu destino poderia ter sido diferente se não tivesse sido demitido. Por outro lado, evidencia-se que essa possibilidade não era estranha para ele, já que rapidamente estabeleceu sua fábrica em Ponta Grossa e logo a transferiu para Curitiba. Assim, mesmo não sendo um caminho que tenha abraçado de forma natural, ao contrário de outros empreendedores destacados neste livro, Agostinho Ermelino de Leão Júnior encontrou-se nessa jornada.

É interessante observar como diferentes motivações podem impulsionar o início de um negócio. Enquanto para alguns empreendedores o desejo de empreender é quase instintivo, para muitos torna-se a única saída diante da necessidade de sobrevivência. Essa realidade tem se mantido praticamente inalterada ao longo dos últimos cem anos, como evidenciado pelo registro de 13,5 milhões de microempreendedores individuais no Brasil em 2021, correspondendo a 70% de todas as empresas ativas no país[32]. Esse aumento crescente revela uma realidade objetiva:

---

32 Dados retirados do IBGE. Para mais informações, ver: https://agenciadenoticias.ibge.gov.br/agencia-noticias/2012-agencia-de-noticias/noticias/38044-em-2021-brasil-tinha-13-2-milhoes-de-microempreendedores-individuais-meis.

para muitos brasileiros empreender é a solução. No entanto, o que diferencia, nesse cenário, um empreendimento bem-sucedido de uma empresa comum? Certamente são as características que compõem um grande empreendedor: disciplina, visão e inovação.

No caso de Agostinho Ermelino Leão Júnior, soma-se a essas virtudes a vasta experiência em seu segmento. Como gerente-geral, o empreendedor tinha uma compreensão abrangente das várias etapas da produção de erva-mate, desde o plantio até a industrialização, assim como do mercado e suas possibilidades. Diante disso, é evidente que Leão Júnior não iniciou sua empresa de forma aleatória, mas sim com conhecimento suficiente para construir o império do mate.

Um dos primeiros desafios enfrentados por Leão Júnior ao estabelecer seu empreendimento foi a questão do capital, afinal montar uma fábrica de erva-mate demandava recursos significativos. Enquanto para muitos isso poderia representar um grande empecilho, para o fundador do Matte Leão foi apenas um pequeno obstáculo. Sua solução foi terceirizar um engenho na cidade de Ponta Grossa, permitindo-lhe iniciar a produção de mate rapidamente.

Com perspicácia, Agostinho Ermelino acelerou as operações de sua empresa em tempo recorde, permitindo que, mesmo sendo nova no mercado do mate, a Leão S.A. demonstrasse uma liderança de rápido avanço. No entanto, essa foi apenas a primeira de muitas manobras necessárias para posicionar a empresa e construir seu império.

Vejamos o contexto histórico e econômico do mate nesse período. Estamos no início do século XX, entre 1901 e 1902, quando o consumo de mate no Brasil era bastante limitado. Com exceção dos estados do Sul, praticamente não havia comércio interno de mate nas outras regiões do país. Portanto, surge a pergunta: para quem vender esse produto? Os principais mercados consumidores de mate eram a Argentina e o Uruguai, países que também produziam a erva, mas, devido ao alto consumo de suas populações, necessitavam importar uma grande parte do produto do Brasil.

Assim, havia um significativo entrave nesse comércio em decorrência das políticas internacionais de cada país. A Argentina, visando reduzir os preços e adquirir a mercadoria brasileira a um custo mais baixo, impôs a condição de que o mate só poderia ser comprado a granel. Isso porque, devido às escassas plantações, era mais vantajoso para a Argentina realizar o processamento do mate em seu território, enquanto o Brasil forneceria a matéria-prima. Por outro lado, do ponto de vista brasileiro, a comercialização do mate industrializado era muito mais vantajosa. No entanto, em virtude das políticas argentinas, essa modalidade de comércio tornou-se inviável. Consequentemente, no início do século XX a produção industrial do mate enfrentava um grande desafio, uma vez que não adiantava produzir nas fábricas se não houvesse um mercado comprador.

Como resolver esse impasse? A solução encontrada pela Matte Leão foi inovadora, demonstrando o entendimento de Agostinho Ermelino Leão Júnior sobre o mercado em que operava e sua capacidade de conjugar técnica e perspicácia, algo pouco comum no sul do país até aquele momento. Compreendendo as necessidades do mercado argentino e brasileiro, a Matte Leão, assim que obteve seus primeiros recursos financeiros, estabeleceu um engenho na Argentina[33]. Isso permitiu a importação da erva--mate a granel para o engenho e, então, sua industrialização no país vizinho, para posterior comercialização. Essa jogada ousada da Matte Leão restabeleceu o comércio entre os dois países,

---

33   Essas informações foram retiradas do depoimento de Luiz Otávio Leão, bisneto de Agostinho Ermelino. Disponível em: https://www.facebook.com/ibramate/videos/1315542371882752/.. Acesso em: 23 maio 2024.

atendendo aos interesses de ambas as partes, como destacado no depoimento de Luiz Otávio Leão:

> Ela podia atender aos dois desejos: ela exportava a granel para a Argentina, como eles queriam, e era uma empresa brasileira vendendo com valor agregado. Dessa forma, a Leão saiu da crise fortalecida. Não tinha muito a perder [pois ainda era nova] e voltou fortalecida[34].

Aqui, podemos identificar dois aspectos interessantes que evidenciam não apenas o aguçado instinto empresarial de Agostinho Ermelino, mas também que, em certos momentos, ser uma empresa recém-criada em um mercado pode proporcionar oportunidades únicas. Como sabemos, uma das características distintivas dos empreendedores é a capacidade de inovação, a busca por se diferenciar e mudar o cenário até então estático do mercado. Ao introduzir um novo produto ou serviço para se destacar dos concorrentes, uma empresa recém-estabelecida tem a liberdade de arriscar, sobretudo para atrair clientes e investidores. Leão Júnior compreendeu bem essa lição e abraçou o novo, em um movimento que era impensável para os empresários do setor de erva-mate naquela época.

Fora de sua zona de conforto, Agostinho Ermelino foi capaz de conceber um modelo de negócio que, em vez de romper a parceria entre os mercados brasileiro e argentino, conseguiu unir e satisfazer as demandas de ambos. Dessa forma, a crise se transformou em uma aliada para a ascensão da Matte Leão, especialmente durante seus primeiros anos de existência, graças à coragem e à visão conciliadora desse grande empreendedor.

---

34 Depoimento de Luiz Otávio Leão, 2018. Disponível em: https://www.facebook.com/ibramate/videos/1315542371882752/. Acesso em: 23 maio 2024.

Por causa desse importante impulso inicial da Matte Leão, a empresa conquistou reconhecimento no mercado da erva-mate e obteve lucros significativos em meio à crise entre os dois países. Além de atender ao mercado argentino, a Matte Leão também exportava seu produto para o Uruguai e o Chile, resultando em praticamente toda a sua produção sendo destinada para além das fronteiras brasileiras. Um dos desafios enfrentados pelos descendentes de Agostinho foi expandir a presença do mate para outras regiões do Brasil, mas isso será abordado mais adiante em nossa narrativa.

Com os recursos acumulados nos primeiros anos, Agostinho e sua esposa, Maria Clara Abreu Leão, concluíram a construção da casa que seria o lar da família Leão por um século, e que hoje é um patrimônio da cidade de Curitiba: o Palacete dos Leões. Concluída em 1902, essa residência imponente transcende seu valor arquitetônico, sendo o lugar onde Agostinho e seus descendentes viveram até se tornar, nos dias de hoje, um museu, como mencionado anteriormente.

A construção do palacete é um indicativo do sucesso da Matte Leão, demonstrando como a empresa já era lucrativa desde o início. Apenas um ano após sua fundação, Agostinho Ermelino Leão Júnior, que estava desempregado em 1901, conseguiu erguer uma residência imponente para sua família. Mas esse é apenas um aspecto material do árduo trabalho e esforço despendidos ao longo desse período, que certamente não foi fácil, tanto no âmbito profissional quanto pessoal. É importante lembrar que em 1901, poucos meses após a abertura da Matte Leão, o pai de Leão Júnior, Agostinho Ermelino Leão, faleceu em Curitiba aos 67 anos. Portanto, além de enfrentar os desafios de estabelecer um novo empreendimento, Leão Júnior também teve que lidar com o impacto emocional dessa perda.

Apesar dos desafios enfrentados, o empreendedor conseguiu superá-los, e por meio de seu empreendimento elevou a família a um novo patamar. Nos anos seguintes, seu esforço foi direcionado para a expansão da empresa e a conquista de novos mercados, embora infelizmente não tenha sido capaz de concretizar esses objetivos durante a vida.

O adeus prematuro de Leão Júnior

Em 1907, apenas seis anos após iniciar sua jornada como empreendedor, Agostinho Ermelino Leão Júnior foi vítima de uma cardiopatia e faleceu aos 41 anos em Curitiba[35]. Com sua partida, ele deixou não apenas sua empresa, mas também a família, composta por sete filhos e sua esposa, que assumiria o comando dos negócios. A morte prematura do empreendedor certamente impactou a Matte Leão, que, apesar de não contar mais com a liderança e visão de Leão Júnior nas décadas seguintes, conseguiu consolidar-se como a maior empresa de erva-mate do Brasil. As conquistas posteriores a Leão Júnior, contudo, não teriam sido possíveis sem a sagacidade desse empreendedor.

Durante os primeiros seis anos da empresa, o papel de Agostinho Ermelino Leão Júnior foi estabelecer a Matte Leão no mercado, torná-la lucrativa e identificar as novas oportunidades de expansão à medida que a empresa progredisse. De fato, até 1907, a Matte Leão alcançou todos esses objetivos, mesmo diante do cenário de crise que já descrevemos anteriormente.

Portanto, embora seja tentador especular (e aqui estamos nos distanciando da história para entrar em pensamentos abstratos) sobre o potencial futuro da Matte Leão sob o comando de Leão

---

35 Informação disponível em: https://www.geni.com/people/Agostinho-Ermelino-de-Le%-C3%A3o-Junior/6000000079401340290.. Acesso em: 23 maio 2024.

Júnior, não podemos fazê-lo. A imaginação pertence ao reino das ideias, que só se tornam relevantes quando realizadas no mundo real; fora dessa perspectiva, é apenas um exercício fantasioso da realidade que nunca existiu.

O legado de Agostinho Ermelino Leão Júnior é tangível e evidente. Suas verdadeiras marcas no mundo são a sua família, a sua empresa e seu exemplo como empreendedor. Construir uma empresa a partir de momentos de dificuldade e elevá-la a uma posição lucrativa e de essencial importância em sua região em tão pouco tempo é uma conquista invejável para qualquer empresário de destaque. Além disso, a Matte Leão (e aqui reconhecemos o valor de toda a família Leão, não apenas de seu patriarca) foi capaz de introduzir um novo aspecto cultural no Brasil: o consumo de mate. Com a expansão nas décadas de 1930 e 1950, a Matte Leão conquistou as praias do Rio de Janeiro, as avenidas paulistas e alcançou todo o território brasileiro, tornando-se um nome reconhecido em todo o país, o que antes era restrito ao Sul.

Se o mate é hoje um elemento cultural nas praias do Rio de Janeiro, por exemplo, isso se deve à família Leão e ao patriarca desse empreendimento. Pela construção desse legado cultural e pelo impacto na vida de milhões de brasileiros, Agostinho Ermelino de Leão Júnior é reconhecido como um dos maiores empreendedores da história do Brasil.

Apesar do curto período como empreendedor, a habilidade nos negócios de Agostinho Ermelino de Leão Júnior foi fundamental para garantir o sucesso nas décadas seguintes, juntamente com o esforço de sua esposa, Maria Clara Abreu Leão, de seus filhos e, posteriormente, de seus netos. Eles dedicaram a vida para preservar o legado da Matte Leão, ampliando ao longo das décadas o negócio iniciado por Leão Júnior. Durante esse percurso, enfrentaram incêndios, crises econômicas e as dificuldades inerentes à expansão de um novo negócio em diferentes regiões do Brasil. No entanto, conseguiram não só expandir a empresa para novos territórios como também estabelecer um legado cultural de proporções nacionais.

Anexo

Fábrica da família Leão Júnior, 1926. Reprodução: Chás Leão.

Palacete dos Leões, Curitiba. Tombado como patrimônio material da capital paranaense. Foto: Guilherme Pupo/Divulgação Espaço Cultural BRDE.

Operárias embalando caixas do chá. Foto: Acervo da Casa da Memória / Diretoria do Patrimônio Cultural / Fundação Cultural de Curitiba.

Referências

ABRAS. *Os erros que levaram à venda da Leão Jr.* Disponível em: https://www.abras.com.br/clipping/bebidas/32991/os-erros-que-levaram-a-venda-da-leao-jr. Acesso em: 23 maio 2024.

A HISTÓRIA completa da marca Matte Leão: o matte mais querido do brasil. 2022. Publicado por Raphael H. Alves. Disponível em: https://www.youtube.com/watch?v=Sq6euc-TH28. Acesso em: 23 maio 2024.

A HISTÓRIA do mate no Paraná: Mate Leão. 2018. Publicado pelo Instituto Brasileiro da Erva-Mate. Disponível em: https://www.facebook.com/watch/?2&423&v=1315542371882752&_rdr%-3Fexptr103&newsdectbaassineoexpresso&paipv=0&eav=AfZVLTdbQtSP86KI9A4SEnTB4PLgeYuptznElfL51lnXsxDMQG-S3l3svJKOab6R4_M&_rdr. Acesso em: 23 maio 2024.

ANTONELLI, Diego. O expresso da história: o império Matte Leão. *O expresso*. 2019. Disponível em: https://oexpresso.curitiba.br/2019/12/17/o-expresso-da-historia-o-imperio-matte-leao. Acesso em: 23 maio 2024.

CHÁS LEÃO. Nossa história. Disponível em: https://www.leaoab.com.br/nossa-hist%C3%B3ria. Acesso em: 23 maio 2024.

EM 2021, Brasil tinha 13,2 milhões de microempreendedores individuais (MEIs). *Agência de notícias IBGE*. 2021. Disponível em: https://agenciadenoticias.ibge.gov.br/agencia-noticias/2012-agencia-de--noticias/noticias/38044-em-2021-brasil-tinha-13-2-milhoes--de-microempreendedores-individuais-meis#:~:text=Em%20 2021%2C%20do%20total%20de,filiaram%20nos%20%C3%BAltimos%20cinco%20anos. Acesso em: 23 maio 2024.

ERVA mate no Paraná e família Leão. *Revista Museu*. 2022. Disponível em: https://www.revistamuseu.com.br/site/br/noticias/nacionais/13959-11-04-2022-erva-mate-no-parana-e-a-familia-leao. html. Acesso em: 23 maio 2024.

GENI. Agostinho Ermelino Leão. Disponível em: https://www.geni.com/people/Agostinho-Ermelino-de-Le%C3%A3o/6000000018167439823. Acesso em: 23 maio 2024.

GENI. Agostinho Ermelino Leão Junior. Disponível em: https://www.geni.com/people/Agostinho-Ermelino-de-Le%C3%A3o-Junior/6000000079401340290?through=6000000018167439823. Acesso em: 23 maio 2024.

MATTE Leão: 120 anos e sonhando alto. Histórias centenárias. 2022. Publicado pelo canal da Folha de S. Paulo. Disponível em: https://www.youtube.com/watch?v=90pVhhqGu_M. Acesso em: 23 maio 2024.

MATSUNAGA, Ulysses Shiguemi. *Ciclo da erva-mate e os impactos do progresso técnico na sua produção*: 1820-1929. 2022. Trabalho de Conclusão de Curso (Bacharelado em Ciências Econômicas) – Universidade Federal do Paraná, Curitiba, 2022.

NADOLNY, Samantha. *A importância econômica do mate para o estado do Paraná*. 2014. Trabalho de Conclusão de Curso (Bacharelado em Ciências Econômicas) – Universidade Federal do Paraná, Curitiba, 2014.

PITZ, Gustavo. A fábrica da Matte Leão Jr: uma indústria ervateira que virou templo religioso. *Turistória*. Disponível em: https://www.turistoria.com.br/a-fabrica-da-matte-leao. Acesso em: 23 maio 2024.

PRIORI, Angelo *et al*. *História do Paraná*: séculos XIX e XX. Maringá: Eduem, 2012.

ROCHA, Michelle Stival da. Erva "matte": o ciclo econômico que mudou Curitiba. *Câmara Municipal de Curitiba*. Disponível em: https://www.curitiba.pr.leg.br/informacao/noticias/erva-201cmatte201d-o-ciclo-economico-que-mudou-curitiba. Acesso em: 23 maio 2024.

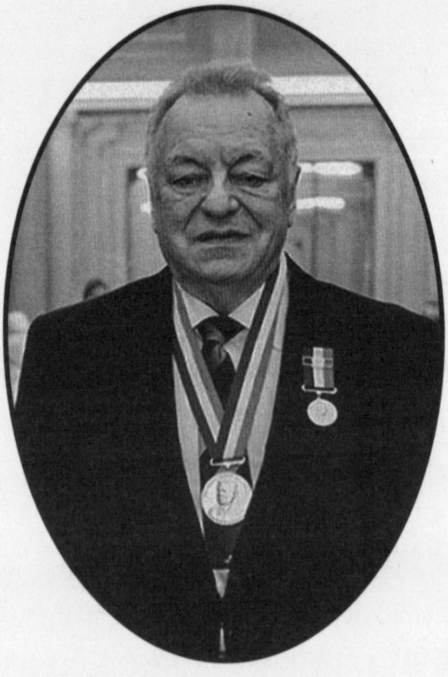

José Oreiro

—

O imigrante espanhol que ganhou o Brasil

Introdução

Vivemos em uma era de constante exposição. Em um mundo repleto de holofotes, estamos continuamente sujeitos a sermos filmados, expostos na internet ou até mesmo difamados conforme a vontade alheia. A noção de privacidade parece cada vez mais escassa em uma sociedade voltada para as câmeras, e isso é um fardo que todos nós carregamos, gostando ou não. Ao tentar fugir dessa realidade, abraçando a diferenciação dos mundos (o privado e o público), estamos indo contra o senso comum, que preconiza a exposição irrestrita e sem pudor de cada detalhe da vida pessoal.

O filósofo Byung-Chul Han, em sua obra *Sociedade da transparência*, argumenta que na sociedade contemporânea as coisas e as pessoas têm que ser *expostas* para *ser*. Portanto, seu valor cultural é substituído pelo valor da exposição (Han, 2017, p. 21). Não é necessário aprofundar-se muito para perceber evidências que corroboram essa tese. Afinal, com essa interação massiva nas redes sociais, torna-se claro que nossa imagem pessoal é tratada como um produto a ser consumido.

Diante desse panorama, é inevitável que os novos empreendedores sejam influenciados por esses mecanismos. Adaptar-se aos novos tempos é uma habilidade essencial para quem deseja ingressar no mundo do empreendedorismo. No entanto, há aqueles que resistem a essa nova ordem social, que se mantêm firmes nos padrões do século XX, quando os espaços sociais eram mais definidos e a exposição pessoal não era necessariamente bem-vinda. Para esses empreendedores, o foco principal continua sendo a empresa, e não a sua imagem ou vida pessoal.

Embora essa regra pareça básica, muitas vezes esquecemos de aplicá-la. Tal qual uma casa de espelhos, acabamos criando imagens distorcidas de nós mesmos (e de nossos empreendimentos), como se estivéssemos usando uma máscara que não reflete a realidade. Isso leva à perda da noção de importância, hierarquia e prioridade na gestão da empresa, pois a verdadeira identidade do empreendedor se confunde com a persona criada para o público. Diante desse dilema, é preciso reconhecer a autenticidade de nossa identidade, compreendendo quem realmente somos e quais são nossos valores.

Em uma era em que esses termos são frequentemente utilizados, mas nem sempre praticados, apresentamos no último capítulo deste livro uma história inspiradora que nos instiga a viver nossa verdade, sem buscar os holofotes a qualquer custo. Trata-se da trajetória de José Oreiro, um espanhol que iniciou sua jornada no Brasil como garçom, e hoje é um dos principais empreendedores do Rio de Janeiro. Veremos que sua trajetória foi marcada por polêmicas envolvendo tentativas de exposição midiática, mas ele permaneceu firme, distante do que era menos relevante. Por outro lado, ele não só se tornou um empresário de sucesso como também um dos maiores empreendedores do Brasil no século XX.

Um empreendedor longe dos holofotes

Os ditados populares são gotas de sabedoria que podem nos ajudar a compreender um pouco da jornada de José Oreiro. Eles condensam em frases curtas comportamentos e modos de vida que refletem nossa sociedade atual, os quais, de uma forma ou de outra, acabamos reproduzindo. Um desses ditados, amplamente conhecido e utilizado em nosso dia a dia, é o famoso "quem não é visto não é lembrado", refletindo a busca desenfreada pela fama que muitas pessoas buscam incessantemente. No entanto, esse ditado nunca se aplicou ao ilustre Sr. Oreiro.

Contrariando essa tendência, são poucos os dados biográficos disponíveis sobre José Oreiro. Além disso, sua vida privada permanece envolta em mistério, até para os mais dedicados pesquisadores. Em nosso mundo atual, José Oreiro se destaca como alguém que não se envolve no jogo comum das massas. Como podemos, então, discutir sua carreira sem acessar a pessoa por trás das realizações? Uma vez mais, recorremos à sabedoria popular. Um importante ditado, de origem bíblica, nos ensina que "pelos seus frutos os conhecereis"[36]. Mesmo sem saber os detalhes íntimos da vida e da trajetória de José Oreiro, podemos examinar suas empresas, que são os verdadeiros legados do empreendedor.

Além de analisarmos a construção de seus empreendimentos, é interessante destacar a relação entre o público e o privado na vida de José Oreiro. Algumas polêmicas foram associadas à figura do empreendedor, em parte devido à sua postura discreta e focada apenas nos negócios, o que o afastou das consequências ou usos indevidos de seus estabelecimentos. Mas antes de explorarmos esse ponto, retornemos ao ano de 1943, na região da Galícia, onde nasceu José Oreiro.

José Oreiro é originário da Galícia, uma região autônoma no extremo noroeste da Espanha. Localizada próximo à fronteira com Portugal, a Galícia experimentou flutuações significativas de migração, especialmente entre os séculos XIX e XX. Culturalmente influenciada tanto pela Espanha quanto por Portugal, a região revela uma mistura única de tradições ibéricas. Logo, não é surpreendente que José Oreiro tenha optado, aos 18 anos, por migrar para o Brasil, um país distante e que, de certa forma, preserva aspectos da cultura ibérica.

---

36 Mateus 7:16.

Sabemos pouco sobre os primeiros anos de vida de José Oreiro, apenas que seu pai trabalhava como padeiro. Pode-se supor (ressaltando que é apenas uma conjectura) que o jovem José acompanhava de perto a rotina de um pequeno empreendedor que vendia pães para sustentar a família. Dessa forma, é bem provável que o desejo de empreender já estivesse presente no coração de José Oreiro antes mesmo de migrar para o Brasil, onde viria a se tornar um renomado empresário.

Para alguns empreendedores a busca pela inovação surge de experiências árduas, enquanto para outros esse desejo parece ser quase uma herança familiar. No caso de José Oreiro, sua história parece ser ao mesmo tempo singular e familiar, compartilhando semelhanças com muitos outros empreendedores discutidos neste livro. O jovem certamente buscava novas aventuras e um novo começo no Brasil, pois a decisão de deixar o país de origem raras vezes é tomada tendo uma vida confortável. A migração muitas vezes é uma necessidade imposta por pressões externas, como conflitos ou dificuldades sociais, ou é uma escolha interna motivada pelo desejo de explorar novas culturas ou construir uma vida diferente. Independentemente da motivação, a migração nos lança para fora da zona de conforto e nos desafia a inovar diante de novos cenários e contextos sociais.

No caso de José Oreiro, é difícil precisar exatamente o que o motivou a vir para o Brasil, mas podemos especular sobre alguns fatores que podem ter influenciado sua decisão. Considerando o contexto da Espanha pós-guerra (1945-1975), o país ibérico estava sob o regime ditatorial de Francisco Franco Bahamonde, conhecido como Franco.

Até 1960, a Espanha, assim como o resto da Europa, passou por um período de reestruturação econômica após a Segunda Guerra Mundial. Apesar de ter mantido uma posição neutra no conflito, a Espanha foi afetada pela crise econômica pós-guerra e apenas começou a se recuperar nas décadas de 1960 e 1970, durante o que ficou conhecido como o "milagre espanhol". Assim, o exército espanhol reduziu seu contingente para integrar homens e mulheres à vida civil, oferecendo mão de obra para empregos limitados. Embora isso tenha reduzido os gastos do exército, aumentou a pressão social devido ao desemprego, enquanto a situação política e social parecia sem solução. Mesmo enfrentando pressão de outros governos, o Estado Espanhol foi regido de forma autoritária e autocrática até a morte de Franco, em 1975.

Considerando esse contexto enfrentado pelos espanhóis, podemos inferir que emigrar para outros países era uma opção viável. Além disso, os dados históricos sustentam essa perspectiva, especialmente no que diz respeito à imigração espanhola para o Brasil ao longo do século XX. Nos primeiros vinte anos desse período, aproximadamente 241 mil espanhóis desembarcaram em terras brasileiras (Smith Júnior, 2012, p. 41). Embora parte desse fluxo possa ser atribuída à campanha brasileira para atrair imigrantes europeus, é notável que durante a década de 1950 mais de 38 mil espanhóis tenham chegado ao Brasil, indicando uma segunda onda migratória. Segundo Francisco Pereiro Smith Júnior (2012, p. 48):

> Muitos imigrantes espanhóis apostaram na vinda para o Brasil, arriscaram-se em viagens e muitos até morreram em meio às turbulentas viagens pelo oceano, outros sobreviveram e chegaram à terra de destino, outros não suportaram a dor pela falta de seus entes e retornaram. Foi desta maneira que essa história se construiu e foi contada por muitos descendentes de espanhóis. Os riscos e as dificuldades fizeram destes espanhóis um povo acostumado com o processo de mudança e fortalecido pelas suas experiências imigratórias.

Diante desse cenário político e econômico de instabilidade, em 1961 o jovem José Oreiro desembarcou nas terras brasileiras em busca de uma nova oportunidade. Chegando ao Rio de Janeiro, que recentemente havia deixado de ser a capital do Brasil, seu primeiro emprego foi como garçom. Dada a experiência familiar no comércio, é provável que Oreiro tenha se adaptado facilmente a essa função, familiarizado com as nuances do atendimento ao cliente e da demanda por serviços. Ainda assim, tudo era novo para José Oreiro – o clima, as pessoas, o idioma, a cultura brasileira. Apesar das adversidades, o sonho de uma vida melhor impulsionava Oreiro a superar esses desafios.

Construindo um império na Cidade Maravilhosa

Construir um negócio não é uma tarefa simples, como todos os empreendedores sabem muito bem. Agora, imagine um imigrante espanhol percorrendo as ruas do Rio de Janeiro, com o sonho de estabelecer seu próprio empreendimento, mas ciente de que esse sonho exigiria quase uma década de trabalho árduo em bares e restaurantes da cidade. José Oreiro desembarcou na Cidade Maravilhosa em 1961, porém sua primeira incursão empresarial, uma cafeteria chamada "Cirandinha", só se tornou realidade em 1970. Pouco se sabe sobre a vida de Oreiro durante esses quase dez anos no Rio, mas podemos inferir que esse período foi essencial para acumular capital, adquirir experiência e compreender a dinâmica da cidade.

Se hoje José Oreiro é reconhecido como um dos principais empresários do Rio de Janeiro, poucos poderiam imaginar que sua trajetória profissional teve início servindo pratos e limpando mesas. É importante salientar que essa experiência e ocupação, assim como todas as outras, são dignas e importantes para compreender a complexa trama comercial envolvida na gestão de um restaurante. Portanto, não devemos subestimar os anos de Oreiro como garçom; pelo contrário, eles são como pérolas que enriquecem ainda mais a narrativa desse notável empreendedor. Além disso, saber que a maioria dos grandes empresários começaram com profissões simples desmistifica a ideia equivocada de que um empreendedor constrói seus negócios à custa do esforço alheio ou de que ele próprio não valoriza tais serviços. Reconhecer essa falsa ideia revela como, na realidade, os empreendedores, em geral, são aqueles que se dedicam intensamente aos seus empreendimentos e se esforçam tanto quanto qualquer outro colaborador.

O primeiro empreendimento de José Oreiro, o Cirandinha, que infelizmente já encerrou suas atividades[37], era uma charmosa cafeteria situada na Avenida Nossa Senhora de Copacabana, número 719, cujo ambiente remetia ao aroma e à atmosfera da década de sua inauguração. Detalhes e imagens do Cirandinha foram destacados na coluna "Destemperados", escrita por Babi Libânio:

> Ele é um clássico em todos os sentidos com direito ao mega balcão de vidro na entrada com opções de salgados, doces, frutas expostas para fazer suco, chapa e afins. [...] O Cirandinha é surpreendentemente grande na parte interna. Sempre que passava na frente dele nunca imaginei que ele fosse tão extenso lá dentro. Na parte das mesinhas fica comprovada a tradição. Famílias almoçando com garçons chamando as pessoas pelo nome, o pessoal do bairro em um típico almoço de final de semana em Copacabana. Pelo o [sic] que me contaram o salão conserva a decoração há 50 anos! Adoro o clima desse tipo de restaurante[38].

---

37 O estabelecimento encerrou suas atividades em 2016. Para mais informações, ver: https://oglobo.globo.com/rio/confeitaria-cirandinha-fecha-as-portas-em-copacabana-19365139. Acesso em: 24 maio 2024.
38 Fragmento retirado do site: https://gauchazh.clicrbs.com.br/destemperados/experiencias/noticia/2016/02/cirandinha-50-anos-de-tradicao-ckbqh2dxp003pf7slxgx2z35w.html. Acesso em: 24 maio 2024.

Destacamos aqui a relevância de descrições como a proporcionada por Libânio, não apenas pelo fato de o restaurante não existir mais, mas também pela percepção da autora, que vai além de uma simples imagem. A partir dessa descrição, podemos compreender o cenário físico do Cirandinha e perceber como seus padrões permaneceram intactos e resistentes ao tempo. Isso se deve em grande parte a José Oreiro, que sempre dedicou energia para fazer o restaurante prosperar ao longo das décadas. No início dessa jornada, conforme relatado pela jornalista Verena Fornetti, Oreiro tinha como sócio José Bonifácio. A diferença de pesos entre os dois os tornou popularmente conhecidos como "o gordo e o magro"[39]. Além disso, a busca incessante pela qualidade no atendimento e pelos produtos oferecidos tornou-se o grande diferencial do Cirandinha.

Embora já não exista, o edifício onde o estabelecimento estava localizado tornou-se um patrimônio imaterial do Rio de Janeiro. Isso evidencia seu sucesso comercial e, principalmente, sua importância na vida cotidiana dos cariocas.

O Cirandinha representou a primeira e também a mais duradoura experiência empresarial de José Oreiro. A importância desse empreendimento em sua trajetória se explica por si só, mas também é possível ir além e observar como as virtudes do empresário estavam profundamente enraizadas no estabelecimento. Uma palavra que pode definir José Oreiro é excelência. Em seus hotéis, por exemplo, o atendimento ao cliente é uma marca registrada, assim como o bom gosto na escolha dos detalhes. Ao observarmos o Cirandinha, é notável que esses elementos também estavam presentes, uma vez que sua clientela demonstrou fidelidade até os últimos dias.

---

39 Fragmento retirado do site: https://m.folha.uol.com.br/mercado/2011/02/868909-gigante-hoteleiro-comecou-a-vida-como-garcom-no-rio.shtml. Acesso em: 24 maio 2024.

Qual ensinamento empresarial podemos extrair disso? É amplamente reconhecido que uma das áreas mais importantes de qualquer empreendimento é a gestão de pessoas. Nesse aspecto, José Oreiro conseguiu prosperar ao investir na formação excelente de seus colaboradores, os quais foram treinados para oferecer um serviço impecável, alinhados com a qualidade da entrega do seu empreendimento. Graças a essa abordagem e ao trabalho árduo, o Cirandinha floresceu ao longo das décadas de 1970 e 1980, tornando-se um ponto de referência no bairro de Copacabana.

A escolha do bairro também não foi aleatória, pois Copacabana é um dos bairros mais conhecidos da cidade. Dessa forma, fica evidente que vários fatores contribuíram para o sucesso empresarial de José Oreiro com o Cirandinha: sua experiência no setor, a busca pela excelência no atendimento e na fidelização do cliente e a localização estratégica de sua cafeteria. Nas palavras do próprio José Oreiro, em entrevista para a *Folha de S.Paulo*, o empreendedor deixa claro sua visão acerca dos negócios:

> "Sempre tive a ambição de vencer", disse o empresário. "Uma empresa, depois de aberta, só pode crescer. Senão, definha e morre. Não temos planos [de entrar] em outros ramos, mas queremos manter o status de maior rede hoteleira do Rio".

Na entrevista, concedida em 2011, José Oreiro revelou de forma objetiva sua determinação em alcançar o sucesso para seus empreendimentos. A ambição, nesse contexto, se apresenta como um motor que impulsiona o empreendedor a se dedicar cada vez mais para promover o crescimento de sua empresa. Pode parecer óbvio e ao mesmo tempo contraintuitivo, mas a ambição, embora seja frequentemente associada a uma conotação negativa e vista como um defeito, quando é cultivada de maneira saudável (ou seja, quando não se torna uma obsessão que limita o indivíduo) se torna um elemento essencial em todas as nossas empreitadas.

O sucesso só pode ser alcançado se tiver ambição, portanto é natural que um empreendedor que esteja investindo tempo e recursos em um novo negócio nutra a ambição de vencer. Nesse sentido, as palavras de José Oreiro ressaltam a importância de concentrar o pensamento na prosperidade do empreendimento ao iniciá-lo, evitando desperdiçar energia com preocupações sobre possíveis fracassos (que são sempre uma possibilidade) ou incertezas sobre o futuro.

A abordagem do empreendedor se traduz em um compromisso com o trabalho, a ser executado com ritmo, constância e excelência. Essas virtudes combinadas foram fundamentais para o sucesso comercial do Cirandinha e de todos os outros empreendimentos de José Oreiro ao longo de mais de meio século. Até a década de 1980, o foco principal de Oreiro, em parceria com seu sócio, estava nos restaurantes. No entanto, em 1984, já consolidado com seus empreendimentos, José Oreiro optou por expandir seus horizontes e construiu uma das maiores discotecas do Rio de Janeiro: a Help.

A transição para uma casa de shows representou uma tentativa de atrair um novo público, e a Help conseguiu inovar através de suas matinês, estabelecendo-se como um dos destinos mais visados do Rio de Janeiro. Situada na Avenida Atlântica, em Copacabana, a discoteca de José Oreiro aproveitou a oportunidade de estar em uma cidade turística como o Rio de Janeiro. É importante ressaltar que, durante os anos 1970, a música disco e as discotecas estavam em seu auge, continuando a ser uma forma popular de entretenimento nos anos 1980. Isso justificava tanto o interesse do público quanto o investimento do empresário nesse tipo de estabelecimento.

Apesar da reputação negativa acumulada ao longo das décadas, a Help nunca esteve envolvida em atividades ilícitas. Como um espaço de entretenimento, é natural que a discoteca tenha atraído uma variedade de frequentadores, levando alguns a rotulá-la como um "templo da prostituição no Rio de Janeiro"[40].

É importante reiterar que, apesar da má fama, a Help e seus sócios nunca estiveram diretamente envolvidos nesse tipo de entretenimento. Como uma casa de shows de renome, a Help naturalmente atraiu uma clientela diversificada, incluindo celebridades e pessoas de alto poder aquisitivo do Rio de Janeiro, o que, por sua vez, atraiu também profissionais que ofereciam tais serviços. Um trecho de Luiz Antônio Ryff sobre o assunto destaca essa dinâmica:

> A boate não faz jus à boa parte de sua má fama. Não frequenta as páginas policiais dos jornais com confusões, como ocorre com as casas mais badaladas da zona sul carioca. Não é um antro de prostituição como pregam alguns. Não há sexo, nudez ou show erótico. Se um casal fica mais animado, um dos seguranças educadamente pede compostura[41].

Diante disso, é crucial distinguir claramente as atividades que ocorriam no estabelecimento do empresário, que simplesmente fundou uma discoteca de sucesso. Associar o nome de qualquer um dos sócios a essa polêmica seria impensável, além de não refletir de forma precisa as estratégias de investimento implementadas por José Oreiro. Isto posto, a Help não representou apenas um marco significativo na jornada do imigrante espanhol, mas também abriu novas possibilidades em seu segmento de mercado.

A Help permaneceu em funcionamento por 25 anos recebendo milhões de frequentadores de todas as partes do mundo. No ano de 2009, a discoteca encerrou suas atividades. O edifício que a abrigava foi adquirido pelo Estado do Rio de Janeiro com

---

40 O termo em destaque foi usado ao longo dos anos 1990 e 2000 para se referir à discoteca Help, aparecendo inclusive em reportagens.
41 Ryff (2009).

a proposta de transformá-lo na nova sede do Museu da Imagem e do Som; porém, após mais de uma década, a obra ainda não foi concluída. Dessa forma, um dos principais investimentos de Oreiro deixou de existir.

A Help representou uma oportunidade econômica significativa na vida do empreendedor espanhol, abrindo novos horizontes em sua trajetória. Ao diversificar seus investimentos, indo além dos restaurantes e cafeterias, José Oreiro vislumbrou novas possibilidades. A abertura da discoteca foi uma escolha estratégica, pois não conflitaria com seus outros negócios e permitiria aproveitar sua experiência como administrador, dada a proximidade logística entre os empreendimentos.

É importante ressaltar que é nesse período, entre o final dos anos 1970 e 1980, que Oreiro inicia a incursão que se tornaria seu principal empreendimento: os hotéis.

A rede hoteleira de José Oreiro

A aventura de José Oreiro no setor hoteleiro teve início em 1979, quando ele adquiriu o Hotel Praia Grande, localizado em Niterói. A hotelaria sempre esteve alinhada com seus outros empreendimentos, especialmente no campo da gastronomia. Foi nesse momento que o empreendedor espanhol vislumbrou a oportunidade de expandir sua atuação para esse ramo.

O Hotel Praia Grande representou seu primeiro e modesto passo nessa direção, mas foi suficiente para despertar a atenção do empreendedor para essa nova oportunidade. Ao examinarmos a trajetória de seus empreendimentos, compreendemos as razões que os conduziram ao sucesso; porém, indo além do óbvio, podemos conjecturar que expandir os negócios naquele momento não era uma escolha que parecesse sensata aos olhos do senso comum. Afinal, no final dos anos 1970 e durante toda a década de 1980 o Brasil enfrentou uma crise econômica profunda. Não é à toa que os anos 1980 ficaram marcados na história como a "década perdida", devido ao grande abalo econômico que assolou nosso país.

A época estava marcada por hiperinflação e instabilidade política, em virtude da transição do regime militar para o período de redemocratização do Brasil. O cenário era desafiador, mas, para um empreendedor visionário, manter seus negócios na direção certa era essencial. Isso exigia enfrentar a opinião pública e as críticas daqueles que não conseguiam enxergar para além da crise. O comentário de Ricardo Mader sobre José Oreiro ilustra bem como podemos entender esse empreendedor: "Ele teve peito. Investir no Rio agora é uma coisa óbvia, mas não era há alguns anos. Quando o Rio estava uma bagaça danada ele comprou o [hotel] Excelsior"[42].

O Hotel Excelsior, uma referência no bairro de Copacabana, foi uma das aquisições de Oreiro para sua rede hoteleira. Embora hoje o investimento em um dos bairros mais prósperos do Rio de Janeiro pareça ser um bom negócio, como mencionado por Ricardo Mader, nem sempre foi assim. Segundo dados do IBGE, o estado do Rio de Janeiro foi o que menos cresceu em sua economia no século XXI[43], refletindo claramente sua decadência no setor econômico. No entanto, apesar desse cenário de pessimismo, a percepção e visão de José Oreiro se sobrepuseram. O empresário, agora não mais um novato, mas sim um homem de vasta experiência, conseguiu desenvolver seus negócios com excelência.

---

42 Fragmento retirado do site: https://m.folha.uol.com.br/mercado/2011/02/868909-gigante-hoteleiro-comecou-a-vida-como-garcom-no-rio.shtml. Acesso em: 24 maio 2024.
43 Para mais informações, ver: https://www.gazetadopovo.com.br/economia/rio-de-janeiro-estado-menor-crescimento-pib-seculo-21/. Acesso em: 24 maio 2024.

Assim, indo na contramão de todas as expectativas, em um período de recessão econômica, José Oreiro arriscou e fundou grandes empreendimentos no Rio de Janeiro. Um deles foi a discoteca Help, como já mencionamos, mas seu principal e mais lucrativo empreendimento nasceu exatamente nessa década pessimista para a economia: a rede de hotéis Windsor.

A grande aposta de Oreiro estava centrada no turismo carioca e na sólida ligação econômica da cidade. Além de ser o principal destino turístico do Brasil, o Rio de Janeiro desfrutava de uma posição proeminente por ter sido capital do país por séculos, mesmo após a criação de Brasília em 1960. Isso fazia com que a cidade não apenas atraísse turistas, mas também empresários e negociantes em busca de oportunidades de negócios e parcerias. Foi nessa perspectiva que José Oreiro decidiu investir, criando o primeiro dos dezessete hotéis (dos quais quinze estão localizados no Rio de Janeiro) de sua rede.

Em 1986, José Oreiro inaugurou o primeiro hotel Windsor, localizado no centro da cidade. Segundo informações disponíveis no site oficial da rede Windsor:

> Há 35 anos, um grupo de empresários, provenientes de outros setores, como a gastronomia, se reuniu para comprar um hotel com grande potencial de crescimento. Foram liderados por José Oreiro, espanhol que veio ao Brasil com 18 anos para trabalhar em restaurantes. Ele convenceu os sócios de que o prédio antigo no Centro do Rio de Janeiro, na esquina da Avenida Rio Branco e Avenida Presidente Vargas, um dos trechos mais movimentados da vida carioca, tinha condições ideais para hospedar executivos em viagens de negócios[44].

---

44 Fragmento retirado do site: https://windsorhoteis.com/imprensa/rede-windsor-35-anos/. Acesso em: 24 maio 2024.

Em dezembro de 1986, foi inaugurado o Windsor Guanabara, o primeiro hotel do grupo, situado ao lado da icônica Igreja de Nossa Senhora da Candelária. Inicialmente concebido para atender à classe alta da cidade, o Windsor direcionava seus serviços a turistas, empresários e políticos que eventualmente visitavam o Rio de Janeiro.

A distinção entre o luxo dos hotéis Windsor e a simplicidade do Cirandinha era parte da estratégia cuidadosamente elaborada por José Oreiro. Ele buscava atender a diferentes públicos, garantindo, no entanto, que todos recebessem um serviço de excelência. A diferenciação entre os nichos de mercado estava relacionada principalmente ao perfil do cliente e às propostas específicas de cada empreendimento, sem comprometer a qualidade do serviço ou o compromisso com a entrega do produto. A fidelização dos clientes sempre foi uma meta prioritária para Oreiro, uma obsessão que permeava tanto seus restaurantes quanto seus hotéis.

A própria rede Windsor, à medida que expandiu seus horizontes, também ampliou sua base de clientes, tornando-se um hotel muito diversificado. Isso evidencia que a evolução de um negócio não é linear, ela cresce a partir de um núcleo central, de uma essência, e se adapta conforme o ambiente ao seu redor se transforma. A capacidade de adaptação nunca foi um obstáculo para Oreiro, pois sua trajetória demonstra sua habilidade em lidar com as mudanças. Essas características, porém, só podem ser adquiridas com foco e objetividade. É preciso estar atento às transformações que ocorrem no mundo, aos novos rumos que a sociedade está tomando e saber ajustar-se a elas, sempre com muito esforço e dedicação. Um artigo da *Folha de S.Paulo* destaca essa qualidade de José Oreiro e sua capacidade de trabalho:

> José Oreiro é conhecido pelo jeito reservado e pela obstinação no trabalho. "Ele faz negócio olhando para a pontinha do sapato. E não joga conversa fora no trabalho", diz um amigo. É workaholic.

"Ele sabe onde está um paliteiro dentro de um armazém", brinca um ex-funcionário[45].

Essa é uma das principais qualidades de um empreendedor de sucesso: a obstinação pelo trabalho. É inegável que o sucesso acompanha aqueles que se dedicam e ambicionam a realização dos seus negócios. Muitos podem considerar que essa jornada é fácil de conquistar e que todos nós aspiramos ao sucesso de alguma forma. No entanto, a diferença entre sonhar e realmente perseguir esses sonhos é abissal. Mesmo no auge dos seus 80 anos, José Oreiro continua se dedicando aos empreendimentos. Ele se envolve nos detalhes mais íntimos, participa das decisões e supervisiona cada processo, demonstrando que o trabalho árduo é fundamental para o empreendedor e para toda a sua equipe.

O empreendedor espanhol segue à risca o ditado de que "é o olho do dono que faz o boi crescer". Por mais de 35 anos, sua rede de hotéis tem se destacado no Rio de Janeiro e se expandido para se tornar uma das líderes do setor no Brasil. Em 2015, por exemplo, Oreiro ampliou os horizontes, estendendo a rede de hotéis a Brasília, outra capital que, apesar de não ser turística, atrai uma grande movimentação de empresários e políticos. Mesmo após décadas de sucesso como empresário, Oreiro não mostra sinais de pretender parar. Seu espírito, forjado pelo trabalho árduo e pela determinação, conhece verdadeiramente o que é ser empreendedor.

---

45 Fragmento retirado do site: https://m.folha.uol.com.br/mercado/2011/02/868909-gigante-hoteleiro-comecou-a-vida-como-garcom-no-rio.shtml. Acesso em: 24 maio 2024.

O legado de José Oreiro

Além das conquistas materiais, o reconhecimento pelo esforço e trabalho de décadas veio em 2022, quando a Câmara dos Deputados do Rio de Janeiro prestou homenagem a Oreiro concedendo-lhe a Medalha Pedro Ernesto, destinada àqueles que contribuíram ativamente para a sociedade carioca. Esse gesto simbólico é apenas uma das muitas realizações vividas pelo empresário, que soube gerenciar com maestria sua vida profissional sem negligenciar sua esfera pessoal, tão bem preservada e poupada dos holofotes.

No fim, talvez esse seja o grande ensinamento que Oreiro pode legar ao mundo: entender que tornar-se um empreendedor não significa viver exclusivamente pelo trabalho, mas sim saber harmonizar com perfeição as responsabilidades e separar os diferentes aspectos da vida, especialmente em uma sociedade cada vez mais transparente e interligada, na qual as fronteiras entre o público e o privado se confundem a todo instante.

Anexo

Cirandinha, o primeiro empreendimento de José Oreiro. Foto: Copacabana da Depressão.

Discoteca Help, a maior casa noturna do Rio de Janeiro
nos anos 1990. Foto: Sergio Luiz Valle.

Fachada do Windsor Barra Hotel, no Rio de Janeiro. Disponível em:
https://www.guiadasemana.com.br/turismo/noticia/hoteis-no-rio-
-de-janeiro-para-as-olimpiadas-2016. Acesso em: 24 maio 2024.

Referências

BOERE, Natália. Confeitaria Cirandinha fecha as portas em Copacabana. *O Globo*. 2016. Disponível em: https://oglobo.globo.com/rio/confeitaria-cirandinha-fecha-as-portas-em-copacabana-19365139. Acesso em: 24 maio 2024.

FORNETTI, Verena. Gigante hoteleiro começou a vida como garçom no Rio. *Folha de S.Paulo*. 2011. Disponível em: https://m.folha.uol.com.br/mercado/2011/02/868909-gigante-hoteleiro-comecou-a-vida-como-garcom-no-rio.shtml. Acesso em: 24 maio 2024.

HAN, Byung-Chul. *Sociedade da transparência*. Rio de Janeiro: Editora Vozes, 2017.

JOSÉ Oreiro, presidente da Rede Windsor, é homenageado na Câmara do Rio. 2022. Publicado pelo canal Rio TV Câmara. Disponível em: https://www.youtube.com/watch?v=pnYSI8jc6v4. Acesso em: 24 maio 2024.

LIBÂNIO, Babi. Cirandinha: 50 anos de tradição. *GZH*. 2016. Disponível em: https://gauchazh.clicrbs.com.br/destemperados/experiencias/noticia/2016/02/cirandinha-50-anos-de-tradicao-ckbqh2dxp003pf7slxgx2z35w.html. Acesso em: 24 maio 2024.

MENEZES, Pedro. Fundador da rede Windsor recebe homenagem na câmara municipal do Rio. *Mercado e Eventos*. 2021. Disponível em: https://www.mercadoeeventos.com.br/noticias/hotelaria/fundador-da-rede-windsor-recebe-homenagem-da-camara-municipal-do-rio. Acesso em: 24 maio 2024.

RYFF, Luiz Antônio. Tradicional reduto da prostituição carioca, a pista quente da Help fecha as portas em breve. *Revista Trip*. 2009. Disponível em: https://revistatrip.uol.com.br/tpm/a-pista-quente-da-help-fecha-as-portas. Acesso em: 24 maio 2024.

SMITH JÚNIOR, Francisco Pereiro. *Imigração espanhola na Amazônia:* as colônias agrícolas e o desenvolvimento socioeconômico do Nordeste Paraense (1890-1920). Tese (Doutorado em Ciências Socioambientais) – Programa de Pós-Graduação em Desenvolvimento Sustentável do Trópico Úmido, Universidade Federal do Pará, Belém, 2012.

SOUZA, Ismara Izepe de. *Espanhóis:* história e engajamento. São Paulo: Companhia Editora Nacional, 2006.

TRANSPARÊNCIA.CC. José Oreiro Campos. Disponível em: https://transparencia.cc/dados/socios/264607/jose-oreiro-campos. Acesso em: 24 maio 2024.

Conclusão: o superpoder de empreender

O conceito de poder exerce um fascínio sobre todos os seres humanos. Nossa imaginação nos leva a associar essa palavra, quase sem querer, a capacidades sobre-humanas, como telepatia, força, capacidade de voar, entre outras. No entanto, esses poderes não têm existência real; na verdade, são frutos de construções literárias. Em síntese, o poder é a capacidade de realizar algo. Assim, em nossas vidas, existem poderes que possuímos e outros que nos escapam.

Empreender é um dos poderes mais úteis para a vida humana. Na verdade, é uma das poucas habilidades que nos distingue efetivamente dos outros seres da natureza, pois surge da razão. O poder de movimentar-se, por exemplo, é comum a todos os seres vivos; o poder de sentir emoções profundas como amor, raiva e tristeza é algo que os animais também possuem e até algumas plantas, ainda que em menor medida. No entanto, a inventividade, a inovação e a capacidade de construir conscientemente, sem depender apenas de instintos, são exclusivas da humanidade.

Empreender é, de fato, nosso grande superpoder, pois é através dele que conseguimos transformar a realidade de milhares de pessoas. Essa capacidade, por si só, já se mostra extremamente relevante. Mesmo para aqueles que têm como foco principal o lucro, na venda de produtos ou na criação de serviços, é inegável que suas ações também beneficiam o próximo. Assim como um médico depende dos pacientes e um professor depende dos alunos para existir, um empreendedor surge a partir da demanda, que naturalmente está relacionada a outras pessoas. Portanto, ainda que dentro do mundo empresarial surjam intenções egoístas, a cooperação mútua permanece como uma lei fundamental nessa relação.

Entender o papel do empreendedor dentro dessa grande engrenagem social é fundamental para direcionar adequadamente esse poder. O ser humano, querendo ou não, é um ser social, e é graças a essa característica que desenvolvemos tecnologias, estabelecemos contratos sociais e criamos outros mecanismos que facilitam nosso cotidiano. Nesse sentido, acreditar em um tipo de empreendedorismo que floresça de maneira egoísta é contrário à própria natureza humana, pois vai de encontro à lógica elementar de sobrevivência. Os bons empreendedores compreendem que seu papel é servir, seja a um grupo específico, seja a uma multidão. Os empreendedores extraordinários de verdade, conscientes ou não, vão além de uma simples busca por benefício mútuo e deixam um legado atemporal para o mundo.

Procuramos ilustrar neste volume o profundo significado disso. As jornadas desses homens e mulheres são uma evidência de que o empreendedorismo é uma força vital para a manutenção e o desenvolvimento de uma sociedade, uma vez que não apenas possibilita a criação de novas realidades, mas também estabelece novos padrões de associação.

Atualmente, o ato de iniciar um novo empreendimento pode parecer relativamente simples, como evidenciado pela proliferação de milhares de novos negócios a cada ano, mas manter um empreendimento por longo prazo é um desafio significativo. Os obstáculos, de natureza financeira ou de qualquer outra ordem, frequentemente levam os novos empreendedores a desistir de seus sonhos. Portanto, ter ideias e determinação para lançar uma empresa não é suficiente, é preciso ser capaz de lidar com os desafios que surgem ao longo do caminho, algo inerente em todas a história.

O mérito dos empreendedores destacados neste livro vai além da mera assertividade em suas ações; reside também na resiliência que demonstram ao não desistir de seus empreendimentos. Essa capacidade de perseverar diante dos desafios é uma virtude que poucos possuem e que precisamos desenvolver ao considerar iniciar um novo negócio. As dificuldades, internas e externas, exigirão um esforço e uma determinação extraordinários para superá-las. Não desistir, persistir na realização de sonhos e, acima de tudo, adaptar-se às demandas do tempo são habilidades essenciais para qualquer empreendedor.

Empreender é um poder acessível a todos os seres humanos, mas que requer o cultivo constante de virtudes. Assim, os exemplos apresentados ao longo dos capítulos devem servir como fonte de inspiração para todos os leitores que aspiram a esse caminho. No entanto, as narrativas compartilhadas também transmitem um importante alerta: a jornada empreendedora não é simples, não é fácil e as recompensas não surgem instantaneamente. Empreender é, em última análise, uma batalha contínua entre o impulso de inovar e criar novos negócios e a habilidade de gerenciar pessoas, conflitos, logística e economia. Os sacrifícios são visíveis; o trabalho, quase interminável, mas as recompensas vão além do sucesso financeiro alcançado por aqueles que chegam ao topo.

Como evidenciamos, o verdadeiro legado reside na criação de negócios que impactam positivamente milhares de vidas, mantendo-se firmes ao longo de décadas (e até séculos, em alguns casos), transformando a realidade de todos os envolvidos e de todo o seu entorno. Essa é a verdadeira herança que esses pioneiros nos deixaram, e cabe exclusivamente aos novos empreendedores, moldados por seu tempo, seguir esse legado de construção de um mundo novo, repleto de novas oportunidades, beneficiando a todos por meio de seus empreendimentos.

FONTE Janson Text LT Std
PAPEL Pólen Natural 80 g/m²
IMPRESSÃO Paym